GRöLS Verlage

„Bücher sind wie Fallschirme. Sie nützen uns nichts, wenn wir sie nicht öffnen."

Gröls Verlag

Redaktionelle Hinweise und Impressum

Das vorliegende Werk wurde zugunsten der Authentizität sehr zurückhaltend bearbeitet. So wurden etwa ursprüngliche Rechtschreibfehler regelmäßig *nicht* behoben, denn kleine Unvollkommenheiten machen das Buch – wie im Übrigen den Menschen – erst authentisch. Mitunter wurden jedoch zum Beispiel Absätze behutsam neu getrennt, um den Lesefluss zu erleichtern.

Um die Texte zu rekonstruieren, werden antiquarische Bücher von Lesegeräten gescannt und dann durch eine Software lesbar gemacht. Der so entstandene Text wird von Menschen gegengelesen und korrigiert – hierbei treten auch Fehler auf. Wenn Sie ebenfalls antiquarische Texte einreichen möchten, finden Sie weitere Informationen auf www.groels.de

Viel Freude bei der Lektüre wünscht Ihnen das Team des Gröls-Verlags.

Adressen

Verleger: Hermann-Josef Gröls,

Im Borngrund 26, 61440 Oberursel

Externer Dienstleister für Distribution & Herstellung:

BoD, In de Tarpen 42, 22848 Norderstedt

Unsere „Edition | Werke der Weltliteratur" hat den Anspruch, eine der größten und vollständigsten Sammlungen klassischer Literatur in deutscher Sprache zu werden. Nach und nach versammeln wir hier nicht nur die „üblichen Verdächtigen" von Goethe bis Schiller, sondern auch Kleinode der vergangenen Jahrhunderte, die – zu Unrecht – drohen, in Vergessenheit zu geraten. Wir kultivieren und kuratieren damit einen der wertvollsten Bereiche der abendländischen Kultur. Kleine Auswahl:

Francis Bacon • Neues Organon • **Balzac** • Glanz und Elend der Kurtisanen • **Joachim H. Campe** • Robinson der Jüngere • **Dante Alighieri** • Die Göttliche Komödie • **Daniel Defoe** • Robinson Crusoe • **Charles Dickens** • Oliver Twist • **Denis Diderot** • Jacques der Fatalist • **Fjodor Dostojewski** • Schuld und Sühne • **Arthur Conan Doyle** • Der Hund von Baskerville • **Marie von Ebner-Eschenbach** • Das Gemeindekind • **Elisabeth von Österreich** • Das Poetische Tagebuch • **Friedrich Engels** • Die Lage der arbeitenden Klasse • **Ludwig Feuerbach** • Das Wesen des Christentums • **Johann G. Fichte** • Reden an die deutsche Nation • **Fitzgerald** • Zärtlich ist die Nacht • **Flaubert** • Madame Bovary • **Gorch Fock** • Seefahrt ist not! • **Theodor Fontane** • Effi Briest • **Robert Musil** • Über die Dummheit • **Edgar Wallace** • Der Frosch mit der Maske • **Jakob Wassermann** • Der Fall Maurizius • **Oscar Wilde** • Das Bildnis des Dorian Grey • **Émile Zola** • Germinal • **Stefan Zweig** • Schachnovelle • **Hugo von Hofmannsthal** • Der Tor und der Tod • **Anton Tschechow** • Ein Heiratsantrag • **Arthur Schnitzler** • Reigen • **Friedrich Schiller** • Kabale und Liebe • **Nicolo Machiavelli** • Der Fürst • **Gotthold E. Lessing** • Nathan der Weise • **Augustinus** • Die Bekenntnisse des heiligen Augustinus • **Marcus Aurelius** • Selbstbetrachtungen • **Charles Baudelaire** • Die Blumen des Bösen • **Harriett Stowe** • Onkel Toms Hütte • **Walter Benjamin** • Deutsche Menschen • **Hugo Bettauer** • Die Stadt ohne Juden • **Lewis Caroll** • *und viele mehr….*

Inhalt

Das Geschlecht der Zukunft

Edward Bulwer-Lytton

Erstes Kapitel

Meine Heimat sind die Vereinigten Staaten von Amerika. Meine Vorfahren wanderten unter Karl II. von England aus. Mein Großvater zeichnete sich im Unabhängigkeitskriege aus, weshalb meine Familie durch Geburt eine hohe Stellung in der Gesellschaft einnahm. Da sie auch reich war, wurde sie zum Staatsdienste für ungeeignet erklärt. Einmal bemühte sich mein Vater um einen Sitz im Kongreß, aber sein Schneider erhielt die Stimmenmehrheit. Seitdem kümmerte er sich nur noch wenig um Politik, und brachte die meiste Zeit in seiner Bibliothek zu. Ich war der älteste seiner drei Söhne; als ich das sechzehnte Jahr erreicht hatte, wurde ich nach England geschickt, meine wissenschaftliche Bildung zu vollenden und meine kaufmännische Laufbahn in einem Geschäfte in Liverpool zu beginnen.

Mein Vater starb, als ich einundzwanzig Jahre alt war. Da er uns in Wohlstand zurückgelassen hatte und ich große Neigung für Reisen und Abenteuer empfand, verzichtete ich für eine Zeit lang auf allen Drang nach den allmächtigen Dollars und ward ein unstäter Wanderer durch die Welt.

Als ich im Jahre 18... zufällig in *** war, wurde ich von einem Ingenieur, mit dem ich bekannt geworden war, aufgefordert, die Schächte des Bergwerkes, an dem er angestellt war, zu besichtigen.

Der Leser wird, bevor er alle meine Erlebnisse kennen gelernt hat, verstehen, warum ich jeden Aufschluß über die Gegend, von der ich schreibe, verschweige. Er wird mir vielleicht noch dankbar dafür sein, daß ich jede Beschreibung, die zur Entdeckung jenes Distriktes führen könnte, vermeide.

So will ich denn in aller Kürze sagen, daß, als ich den Ingenieur in das Innere des Bergwerkes begleitete, ich so seltsam von dessen düsteren Wundern überrascht wurde und so großes Interesse an den Forschungen meines Freundes nahm, daß ich meinen Aufenthalt in der Gegend verlängerte und mehrere Wochen hindurch täglich in die Gewölbe und Schächte, die sowohl Kunst wie Natur unter der Erdoberfläche gebildet hatten, hinabstieg. Der Ingenieur war der festen Meinung, daß ein noch weit größerer Reichtum an Mineralien, als schon aufgefunden worden war, in einem neuen Schachte, dessen Bohrung unter seiner Leitung begonnen war, verborgen sei. Beim Eindringen in diesen Schacht gelangten wir eines Tages in eine Höhlung, deren Wände zackig und scheinbar verkohlt waren, als seien sie einst in längstvergangenen Zeiten von vulkanischen Feuern auseinandergesprengt worden. In diese Höhlung hatte sich mein Freund in einem Hunde hinabgelassen, nachdem er zuvor die Atmosphäre mit der Sicherheitslampe geprüft hatte. Fast eine Stunde verweilte er in der Tiefe; als er zurückkehrte, war er sehr blaß, und auf seinem sonst offenen, heiteren, furchtlosen Gesichte lag ein ängstlicher, nachdenklicher Ausdruck.

Er meinte kurz, daß ihm das Hinabsteigen unsicher erscheine und daß es zu keinem Resultate führen würde; die weiteren Arbeiten in dem Schachte wurden eingestellt, und wir kehrten zu den bekannteren Teilen des Werkes zurück.

Den Tag über schien der Ingenieur irgend einem ernsten Gedanken nachzuhängen. Er war ungewöhnlich schweigsam, und in seinen Augen lag ein scheuer, unruhiger Blick, als hätte er irgend einen Geist gesehen. Am Abend, als wir in unserer gemeinsamen Wohnung nahe dem Bergwerke beisammen saßen, sagte ich zu meinem Freunde:

„Sage mir aufrichtig, was hast Du in jener Kluft gesehen? Ich bin überzeugt, daß es etwas Seltsames, etwas Entsetzliches war. Was es auch gewesen sein mag, es hat Dich in einen seltsamen Zustand von Furcht und

Bedenken versetzt; derlei Angelegenheiten müssen beraten werden. Sprich Dich doch aus!“

Lange versuchte der Ingenieur meinen Fragen auszuweichen; da er aber in der Unterhaltung unbewußt der Branntweinflasche in einem ihm ganz ungewohnten Maße zusprach – er war sonst sehr mäßig – schmolz seine Zurückhaltung allmählich und schließlich erklärte er sich bereit, alles zu erzählen: „Als der Hund anhielt, befand ich mich auf einem Felsenrücken. Unter mir dehnte sich die Kluft in abschüssiger Richtung zu einer beträchtlichen Tiefe aus, deren Dunkelheit meine Lampe nicht zu durchdringen vermochte. Aber zu meiner größten Überraschung strömte daraus ein helles Licht zu mir empor. Sollte es irgend ein vulkanisches Feuer sein? In diesem Falle hätte ich sicher die Hitze gespürt. Doch herrschte darüber irgend ein Zweifel, so war es für unser aller Sicherheit von größter Wichtigkeit, denselben zu heben. Ich untersuchte die Wände des Abhanges und glaubte daraufhin, so weit ich sie überschauen konnte, daß ich es wohl wagen dürfte, mich den unregelmäßigen Vorsprüngen und Ecken anzuvertrauen. Ich verließ den Hund und stieg hinab. Je mehr ich mich dem Lichte näherte, um so größer ward die Kluft, und endlich sah ich zu meinem unaussprechlichen Erstaunen auf dem Boden des Abgrundes einen breiten, ebenen Weg, der, soweit das Auge reichte, wie es schien, durch Gaslampen, die in regelmäßiger Entfernung von einander standen, beleuchtet war, wie die Straßen einer großen Stadt. Aus der Ferne vernahm ich ein Gesumme wie von menschlichen Stimmen. Ich weiß genau, daß keine anderen Bergleute in dieser Gegend beschäftigt sind. Was konnten das für Stimmen sein? Wessen Hände konnten diesen Weg geebnet und diese Lampen angezündet haben?

Der Aberglaube, der so häufig unter den Bergleuten herrscht, daß Gnomen oder Teufel im Inneren der Erde hausen, erfaßte auch mich. Ich fürchtete mich bei dem Gedanken, weiter hinabzusteigen und den Bewohnern dieses unterirdischen Tales begegnen zu können.Außerdem hätte ich es ohne Taue gar nicht vermocht, da von der Stelle, die ich erreicht hatte, bis zum Grunde der Kluft beide Seiten des Felsens steil in die Tiefe gingen. Mit einiger Schwierigkeit lenkte ich meine Schritte rückwärts. Nun habe ich Dir alles erzählt."

„Wirst Du noch einmal hinabsteigen?"

„Ich sollte es wohl tun, doch mir ist, als wagte ich es nicht."

„Ein treuer Begleiter verkürzt die Reise und verdoppelt den Mut. Ich will mit Dir gehen. Wir wollen uns mit Tauen von gehöriger Länge und Stärke versehen und – aber verzeih, Du darfst heute Abend nicht mehr trinken. Unsere Hände und Füße müssen morgen fest und standhaft sein."

Zweites Kapitel

Am andern Morgen waren die Nerven meines Freundes wieder gestärkt. Die Neugier regte ihn nicht weniger auf als mich, ja vielleicht noch mehr; denn er glaubte sichtlich an seine eigene Geschichte, während ich beträchtlich daran zweifelte. Ich glaubte nicht, daß er mir absichtlich eine Unwahrheit erzählt habe, ich meinte nur er müßte einer jener Sinnestäuschungen unterworfen gewesen sein, die sich unserer Phantasie und unserer Nerven an einsamen, ungewohnten Orten bemächtigen und in denen wir dem Formlosen Gestalt, dem Stummen Stimme geben.

Wir wählten sechs erfahrene Bergleute, die unseren Abstieg beobachten sollten, und da der Hund nur einen auf einmal faßte, fuhr der Ingenieur zuerst hinab. Als er das vorspringende Felsstück erreicht hatte, auf dem er das erste Mal gehalten hatte, kam der Hund wieder herauf um mich zu befördern. Bald war ich an meines Freundes Seite. Wir waren gut mit starken Tauen versehen. Auch ich erblickte das Licht, das ihn tags zuvor so überrascht hatte. Es drang durch eine schräge Öffnung. Mir schien es ein verbreitetes atmosphärisches Licht zu sein, es rührte nicht wie von einem Feuer her, es war vielmehr weich und silbern wie das Licht eines Nordsternes. Nachdem ich den Hund verlassen hatte, stiegen wir einer nach dem anderen, dank der Vorsprünge an den Abhängen, mit ziemlicher Leichtigkeit tiefer hinab zur Stelle, an der mein Freund tags zuvor Halt gemacht hatte. Es war ein hervortretendes Felsstück, gerade groß genug, daß wir beide nebeneinander darauf Platz hatten. Von hier aus erweiterte sich die Kluft plötzlich wie das letzte Ende eines großen Tunnels, und ich sah deutlich das Tal, den Weg, die Lampen, wie mein Freund sie mir beschrieben hatte. Er hatte nichts übertrieben. Ich hörte die Töne, die er vernommen hatte, – ein wirres, nicht zu beschreibendes Gesumme wie von Stimmen und gedämpften Fußtritten. Ich strengte meine Augen an und erblickte deutlich in der Ferne die Umrisse eines großen Gebäudes. Das konnte kein natürlicher Felsen sein. Es war zu symmetrisch, hatte große ägyptische Säulen, und das Ganze war wie von innen erleuchtet. Mit Hülfe eines kleinen Taschenteleskopes, das ich bei mir hatte konnte ich in der Nähe des Gebäudes zwei Figuren unterscheiden. Sie glichen menschlichen Gestalten, doch war ich dessen nicht ganz sicher. Jedenfalls hatten sie Leben, denn sie bewegten sich und verschwanden beide in dem Gebäude.

Nun suchten wir das Ende des Taues, das wir mitgebracht hatten, mit Hülfe von Krampen und Enterhaken, mit denen wir versehen waren, an dem Vorsprunge, auf dem wir standen, zu befestigen.

Wir waren ziemlich schweigsam bei unserem Werke; wir arbeiteten, als fürchteten wir uns, miteinander zu reden. Nachdem das eine Tauende scheinbar fest an der Felsenkante befestigt war, knüpften wir ein Stück Felsen an das andere Ende und ließen es ungefähr fünfzig Fuß tief auf den Boden hinab.

Da ich jünger und kräftiger war als mein Begleiter und als Knabe an Bord eines Schiffes gearbeitet hatte, war ich mit dieser Art des Hinablassens vertrauter als er. Im Flüstertone bat ich um den Vortritt, damit ich ihm beim Herabsteigen helfen könnte indem ich das Tau unten festhielt. Ich erreichte glücklich den Grund, und nun ließ sich auch der Ingenieur herab; aber kaum war er zehn Fuß von dem Felsvorsprunge entfernt, als die Haken, die wir wie wir meinten gut befestigt hatten, nachgaben. Der Fels hatte sich als trügerisch erwiesen und war unter der Last abgebröckelt. Der unglückliche Mann stürzte herab und fiel gerade vor mir nieder. Ein glücklicherweise kleines Felsstück das bei seinem Falle mit herabgekommen war, traf ihn und betäubte auch mich für einen

Augenblick. Als ich wieder zur Besinnung kam, sah ich meinen Begleiter – eine leblose Masse – neben mir liegen.

Während ich mich tiefbekümmert und entsetzt über seinem Leichnam beugte, hörte ich dicht neben mir einen seltsamen Ton, – halb Schnaufen, halb Zischen. Instinktmäßig wandte ich mich der Stelle zu, woher das Geräusch kam, und sah aus einer dunklen Spalte im Felsen einen großen, entsetzlichen Kopf mit gähnendem Rachen und geisterhaften, gierigen Augen auftauchen – den Kopf eines scheußlichen Ungetümes. Es erinnerte an ein Krokodil oder Kaiman, war nur viel größer als das größte Geschöpf dieser Art, das ich je auf meinen Reisen gesehen hatte. Entsetzt richtete ich mich auf und floh in höchster Eile dem Tale zu. Endlich, beschämt über meine Furcht und Flucht, hielt ich inne und kehrte wieder nach der Stelle zurück, wo ich die Leiche meines Freundes verlassen hatte. Sie war verschwunden. Zweifellos hatte das Ungetüm sie schon in seine Höhle gezogen und dort verschlungen. Das Tau und die Enterhaken lagen noch da, gaben mir aber keine Hoffnung auf eine Rückkehr. Es war unmöglich, sie wieder oben am Felsen zu befestigen. Die Wände waren zu glatt, als daß menschliche Füße an ihnen hätten emporklimmen können. Ich war allein in dieser fremden Welt, im Inneren der Erde.

Drittes Kapitel

Langsam und vorsichtig schritt ich die mit Lampen erleuchtete Straße entlang, dem großen Gebäude zu, das ich beschrieben habe. Die Straße selbst erschien mir wie ein breiter Alpenpaß, der sich zwischen hohen Felsen erstreckte, zu denen auch der gehörte, durch dessen Klüfte ich herabgekommen war. Tief unten zur Linken lag ein weites Tal, mit untrüglichen Anzeichen von Kunst und Kultur. Auf den Feldern wucherte ein seltsames Getreide, das keinem von denen, die ich auf der Erde gesehen habe, glich. Es war nicht grün, sondern von dunkler Bleifarbe oder goldig rot.

Es waren Teiche und Bäche da, die in künstliche Ufer eingedämmt zu sein schienen. Einige hatten klares Wasser, andere glänzten wie

Naphthaquellen. Zu meiner Rechten zeigten sich zwischen den Felsen durch künstliche Pässe verbunden Schluchten und Höhlen. Sie waren mit Bäumen besetzt, die meist Riesenfarren glichen. Das federartige Laub war von wunderbarster Mannigfaltigkeit, und ihre Zweige glichen dem Palmenbaume; andere erinnerten mehr an unser Zuckerrohr, nur waren sie viel größer und trugen üppige Blütenbüschel; wieder andere hatten die Form mächtiger Schwämme: kurze, dicke Stämme trugen ein großes turmartiges Dach, von dem lange, schlanke Zweige herabfielen. Alles war soweit das Auge reichte, von unzähligen Lampen erhellt. Diese Welt ohne Sonne war so hell und warm wie eine italienische Landschaft zur Mittagszeit, nur die Luft war weniger drückend, und die Hitze milder. Auch fehlte es nicht an Zeichen lebender Bevölkerung. Ich konnte in der Ferne, an den Ufern der Teiche und Bäche oder auf kleineren Anhöhen, inmitten von Pflanzen und Bäumen ganz deutlich Gebäude unterscheiden, die jedenfalls menschliche Wohnungen sein mußten. Ja, ich entdeckte sogar, wenn auch weit in der Ferne, Gestalten. Sie bewegten sich in der Landschaft und schienen menschliche Formen zu haben. Als ich stehen blieb, um genauer hin zu sehen, bemerkte ich, wie zu meiner Rechten etwas rasch durch die Lüfte glitt. Es sah wie ein kleines Schiff aus und wurde von Segeln in Form von Flügeln getrieben. Bald entschwand es meinen Blicken und verlor sich im Schatten des Waldes. Gerade über mir war statt des Himmels ein höhlenartiges Dach. Dieses Dach entfernte sich mehr und mehr von der Landschaft, bis es nach und nach unsichtbar wurde. Als ich meinen Weg fortsetzte, fuhr ich erschreckt vor einem Gewächse zurück, das einem großen Busche Seegras, mit farrenartigen Sträuchern und Pflanzen vermischt, glich – es stand da ein wunderliches Tier von der Größe und Gestalt eines Rehes. Als ich ein paar Schritte zurückwich, wandte es sich um und blickte mich fragend an. Da sah ich daß es den Rehen, wie wir sie auf der Erde haben, nicht glich. Es erinnerte mich an eine Gipsform, die ich in irgend einer Ausstellung von vorsündflutlichen Tieren, gesehen hatte. Das Geschöpf schien ziemlich zahm zu sein. Nachdem es mich ein, zwei Minuten angesehen hatte, fuhr es ruhig fort, auf der seltsamen Wiese zu weiden.

Viertes Kapitel

Jetzt war ich auch dem großen Gebäude näher gekommen. Ja, es war wirklich von Menschenhand gemacht und zum Teil aus einem großen Felsen gehauen.

Anfangs hielt ich es für ägyptische Architektur. In der Front hatte es große Säulen, die von massiven Sockeln aus spitz zuliefen. Die Kapitale, waren wie ich beim Nähertreten bemerkte, reicher und phantastischer als die ägyptischer Säulen.

Wie das korinthische Kapital die Blätter des Bärenklau nachahmt, so ahmten die Kapitale dieser Säulen das Laub der sie umgebenden teils aloëteils farrenartigen Pflanzen nach. Und jetzt trat eine Gestalt aus dem Gebäude. – War es eine menschliche Gestalt? Sie stand auf der Straße, schaute sich um bemerkte mich und näherte sich mir. Näherte sich mir, bis auf eine kurze Entfernung. Bei ihrem Anblick, ihrer Nähe bemächtigte sich meiner eine unbeschreibliche Furcht, ein Zittern ergriff mich, und ich blieb wie angewurzelt stehen.

Die Gestalt erinnerte mich an symbolische Bilder von Genien und Dämonen, wie man sie auf etrurischen Gefäßen und morgenländischen Grabmälern sieht, Bilder, die Menschen einer anderen Rasse darzustellen scheinen. Die Gestalt war zwar nicht riesenhaft, doch über Menschengröße.

Ihre Hauptbekleidung schien mir aus zwei großen Flügeln zu bestehen, die über der Brust übereinander fielen und bis an das Knie reichten. Die übrige Kleidung bestand aus einer Tunika und Gamaschen von irgend einem dünnen Stoffe. Auf dem Kopfe hatte sie eine Art Turban, der von Juwelen strahlte, und in der Hand trug sie einen dünnen Stab von glänzendem Metalle wie aus poliertem Stahl. Aber das Gesicht! Das war es, was mir so große Furcht und Schrecken einflößte. Es war das Gesicht eines Menschen. Doch der Typus war den uns bekannten Rassen fremd. In Umriß und Ausdruck kam es dem Gesichte einer in Stein gehauenen Sphynx am nächsten, so regelmäßig war es in seiner ruhigen, geistreichen, geheimnisvollen Schönheit. Seine Hautfarbe war eigentümlich. Sie war rötlich und doch schöner und reicher als die irgend einer Menschengattung. Die großen schwarzen Augen waren tief und glänzend. Die Brauen gewölbt wie ein Halbkreis. Das Gesicht war bartlos, doch lag ein eigentümliches Etwas darauf. So ruhig der Ausdruck, so schön die Gesichtszüge waren, flößten sie eine Furcht ein, wie der Anblick eines Tigers oder einer Schlange. Ich fühlte, daß dieses menschenähnliche Bildnis dem Menschen feindliche Kräfte besaß. Ein kalter Schauer ergriff mich, als es sich mir näherte. Ich sank auf die Knie und bedeckte mein Antlitz mit den Händen.

Fünftes Kapitel

Eine Stimme drang an mein Ohr – eine sehr ruhige, sehr melodische Stimme – in einer Sprache, von der ich kein Wort verstand, die aber meine Furcht verscheuchte. Ich nahm die Hände vom Gesicht und sah auf. Der Fremde – ich konnte mich kaum überwinden, ihn Mensch zu nennen – betrachtete mich, als wollte er mit seinem Blicke bis in das Innerste meines Herzens dringen. Dann legte er seine linke Hand auf meine Stirn, und mit der rechten berührte er meine Schulter leicht mit dem Stabe. Diese doppelte Berührung hatte eine zauberhafte Wirkung. Statt des früheren Schreckens durchzog mich ein Gefühl der Befriedigung, der Freude. Ich empfand Vertrauen zu mir selbst sowohl wie zu dem Wesen vor mir. Ich stand auf und redete ihn an. Er hörte mir mit scheinbarer Aufmerksamkeit, zugleich aber auch mit dem Ausdrucke leichter Überraschung zu. Dann schüttelte er den Kopf, wie zum Zeichen, daß er mich nicht verstände. Darauf faßte er mich an der Hand und führte mich schweigend nach dem Gebäude. Der Eingang war offen. Er war mit keiner Tür versehen. Wir traten in eine sehr geräumige Halle, die mit demselben Lichte erleuchtet war, nur daß dasselbe hier noch einen angenehmen Wohlgeruch verbreitete. Der Fußboden bestand aus großen Platten kostbarer Metalle und war zum Teil mit einem mattenartigen Teppich bedeckt. Zarte Musik ertönte wie von unsichtbaren Instrumenten. Sie schien so natürlich zu dem Raume zu gehören wie das Gemurmel rauschender Wasser zu einer Gebirgslandschaft oder das Gezwitscher der Vögel zu Hainen in Frühlingspracht.

Eine Gestalt, in ähnlicher, jedoch einfacherer Tracht als mein Führer, stand regungslos an der Schwelle. Als mein Führer sie zweimal mit seinem Stabe berührte, setzte sie sich in rasche Bewegung und glitt lautlos über den Fußboden hin. Ich blickte sie an und bemerkte, daß es keine lebende Gestalt, sondern ein Automat war. Kaum zwei Minuten, nachdem er durch eine halb von Gardinen verborgene Öffnung ohne Tür am anderen Ende der Halle verschwunden war, näherte sich uns durch dieselbe Öffnung ein Knabe von ungefähr zwölf Jahren. Seine Gesichtszüge waren denen meines Begleiters so ähnlich, daß ich sie sofort als Vater und Sohn erkannte. Als das Kind mich sah, stieß es einen Schrei aus und erhob wie zur Drohung einen Stab, der dem meines Begleiters glich. Auf ein Wort des Älteren ließ es ihn wieder sinken. Darauf sprachen die zwei eine Zeit lang miteinander, während sie mich forschend ansahen. Der Knabe berührte meine Kleider und strich mit sichtlicher Neugier über mein Gesicht, indem er einen Laut hören ließ, der einem heiteren Gelächter von uns glich, nur etwas gedämpfter erklang. In demselben Augenblicke tat sich das Dach der Halle auf, und eine Platte kam herab, die anscheinend nach dem Prinzipe der Aufzüge angefertigt war, wie man sie in Hotels und Warenhäusern benutzt, um von einer Etage in die andere zu gelangen.

Der Fremde trat mit dem Knaben auf die Platte und gab mir ein Zeichen, dasselbe zu tun. Ich folgte. Rasch und sicher stiegen wir aufwärts und gelangten in einen Flur mit Gängen zu beiden Seiten. Durch einen dieser Gänge führte man mich in ein Zimmer, das mit orientalischem Luxus ausgestattet war. Die Wände waren mit Metall und ungeschnittenen Juwelen getäfelt. Kissen und Divane waren im Überfluß da. Statt der Fenster hatte das Zimmer Öffnungen ohne Glas, die nach dem Korridor führten. Im Weitergehen sah ich, daß man von denselben auf geräumige Balkone gelangte, die einen weiten Blick über die erleuchtete Landschaft draußen gestatteten. An der Decke hingen Bauer mit Vögeln von seltsamer Form und prächtigem Gefieder. Bei unserem Eintritt stimmten sie im Chore einen Gesang an, dessen Ton so zart war, wie das Zwitschern eines Buchfinken. Ein köstlicher Duft, der kunstvoll gearbeiteten goldenen Räuchergefäßen entströmte, erfüllte die Luft. Mehrere Automaten, gleich dem einen, den ich gesehen hatte, standen stumm und regungslos an den Wänden. Der Fremde nötigte mich neben sich auf den Divan und sprach wieder zu mir. Ich redete ihn ebenfalls an, wir konnten uns aber nicht besser verstehen wie vorhin.

Ich empfand jetzt die Folgen des Schlages, den ich bei dem Herabfallen der Felsstücke erhalten hatte, stärker wie bisher.

Ein Gefühl krankhafter Schwäche, von einem heftigen, stechenden Schmerze im Kopf und Nacken begleitet, befiel mich. Ich sank in die Kissen zurück und bemühte mich vergebens ein Stöhnen zu unterdrücken. Da kniete der Knabe, der mich bis dahin mit Mißtrauen und Widerwillen zu betrachten schien, neben mir nieder, mich zu unterstützen. Er nahm eine meiner Hände und berührte meine Stirn mit einem leichten Hauche seiner Lippen. In wenigen Augenblicken ließen die Schmerzen nach. Eine einschläfernde glückliche Ruhe überkam mich. Ich versank in Schlaf.

Ich weiß nicht, wie lange ich in diesem Zustande verweilte, aber als ich erwachte, war ich vollständig wiederhergestellt. Als ich die Augen wieder aufschlug, fiel mein Blick auf eine Gruppe stummer Gestalten, die ernst und würdig um mich herumsaßen. Sie glichen mehr oder weniger dem ersten Fremden: dieselben mantelartigen Flügel, derselbe Schnitt der Kleidung, dieselben sphynxähnlichen Gesichter mit den tiefen dunklen Augen und der roten Gesichtsfarbe; derselbe Typus einer Rasse, die wohl an die menschliche Rasse erinnerte, doch weit stärker und größer von Gestalt und Ansehen war. Sie flößten mir alle dasselbe unerklärliche Gefühl der Furcht ein wie mein erster Begleiter, und doch waren ihre Züge mild und ruhig, ja selbst gütig im Ausdruck. Seltsamerweise war es mir, als flößten mir gerade die Ruhe und Güte dieser Gesichter die rätselhafte Furcht ein.

Sie schienen von den Linien und Schatten, die Furcht und Sorge, Leidenschaft und Sünde auf des Menschen Antlitz zurücklassen, so frei zu sein wie die Gesichter steinerner Götter. Sie schienen denselben friedlichen Ausdruck zu haben, wie nach christlicher Auffassung der Tod den Gesichtern einprägt.

Ich fühlte eine warme Berührung auf meiner Schulter – es war die Hand des Knaben. In seinen Augen lag Mitleid und ein Ausdruck herablassender Zärtlichkeit, wie wir sie für einen kranken Vogel oder Schmetterling empfinden. Ich wich vor dieser Berührung und vor diesem Blicke zurück. Ich hatte ein unbestimmtes Gefühl, als ob dieses Kind, wenn es wollte, mich so leicht töten könnte wie der Mensch einen Vogel oder Schmetterling. Das Kind schien von meinem Widerwillen schmerzlich berührt zu sein. Es verließ mich und setzte sich an eines der Fenster. Die Anderen fuhren fort, sich in gedämpftem Tone mit einander zu unterhalten. An ihren Blicken, die sich auf mich richteten, konnte ich sehen, daß ich der Gegenstand ihres Gespräches war. Einer besonders schien dem Wesen, dem ich zuerst begegnet war, einen sehr dringlichen Vorschlag in bezug auf mich zu machen. Letzterer ging anscheinend darauf ein, als das Kind plötzlich seinen Platz am Fenster verließ und lebhaft sprechend sich wie zum Schutze zwischen mich und die Anderen stellte. Irgend eine Ahnung, ein Instinkt sagte mir, daß dieser Knabe, den ich vorher so gefürchtet hatte, zu meinen Gunsten rede. Während er noch sprach, betrat ein anderer Fremder das Zimmer. Er erschien, wenn auch nicht alt, so doch älter als die Übrigen. Sein Gesicht war weniger sanft und heiter als das der Anderen, obgleich es ebenso regelmäßige Züge hatte. Es schien mir dem menschlichen Ausdrucke näher zu kommen als das der Übrigen. Ruhig hörte er den Worten, die erst mein Begleiter, dann zwei aus der Gruppe und zuletzt der Knabe an ihn richteten, zu, dann wandte er sich zu mir und sprach mich nicht mit Worten, sondern mit Gesten und Zeichen an. Diese glaubte ich völlig zu verstehen, und ich irrte mich nicht. Ich begriff, daß er mich fragte, woher ich sei. Ich streckte die Hand aus und deutete auf den Weg, den ich von der Kluft im Felsen aus verfolgt hatte. Dann kam mir ein Gedanke. Ich zog mein Notizbuch hervor und entwarf auf einem unbeschriebenen Blatte eine leichte Skizze von dem Felsenriffe und dem Tau, an dem ich mich herabließ, von dem höhlenartigen Felsen unten, dem Kopfe des Ungetümes und dem leblosen Körper meines Freundes. Diese uranfängliche Art von Hieroglyphen gab ich dem Fragenden. Er reichte sie, nachdem er sie selbst ernst betrachtet hatte, seinem nächsten Nachbar und so machten sie die Runde unter den Anwesenden. Der, dem ich zuerst begegnete, sagte ein paar Worte, woraufhin der Knabe näher trat und meine Zeichnung ansah. Er schien ihren Sinn zu verstehen, nickte, kehrte an das Fenster zurück, breitete seine Flügel aus, schüttelte sie ein paarmal und schwebte dann hinaus ins Freie. Verwundert fuhr ich in die Höhe und eilte an das Fenster. Der Knabe schwebte schon in den Lüften. Seine Flügel bewegten sich nicht wie die eines Vogels, sondern sie erhoben sich über seinem Kopfe und trugen ihn ohne sein eigenes Zutun sanft durch die Lüfte. Der Flug war so rasch, wie der eines Adlers, und ich bemerkte, daß er dem Felsen zueilte, von dem ich herabgekommen war und dessen Umrisse deutlich zu erkennen waren.

In wenigen Minuten kehrte er zurück. Er schwebte zu der Öffnung herein, durch die er uns verlassen hatte, und ließ das Tau und die Enterhaken, die ich bei der Kluft zurückgelassen hatte, auf den Boden fallen. Einige leise geflüsterte Worte wurden unter den Anwesenden gewechselt. Einer aus der Gruppe berührte den Automaten. Dieser schritt vorwärts und glitt aus dem Zimmer. Darauf erhob sich der Zuletztgekommene, der mich durch Zeichen angesprochen hatte, faßte mich an der Hand und führte mich in den Korridor. Hier erwartete uns die Platte, auf der ich heraufgekommen war. Wir stellten uns darauf und gelangten hinab in die Halle. Mein neuer Begleiter geleitete mich aus dem Gebäude in eine Straße, wenn ich es so nennen kann. Sie wurde von Häusern, die durch prächtige Gärten mit üppiger Vegetation und wunderlichen Blumen voneinander getrennt waren, gebildet. In diesen Gärten, die durch niedrige Mauern getrennt waren, und auf der Straße wandelten viele Gestalten, die denen glichen, die ich schon gesehen hatte. Einige der Vorübergehenden näherten sich, als sie mich bemerkten, meinem Führer und fragten ihn, wie ich aus Ton, Blicken und Mienen deutlich erkennen konnte, nach mir. Bald schaarte sich eine Gruppe um uns, die mich mit so großem Interesse betrachtete, als ob ich ein seltenes wildes Tier sei. Sie waren jedoch trotz ihrer Neugier von ernster, höflicher Zurückhaltung, und nach einigen Worten meines Begleiters, der sich ein Stehenbleiben anscheinend verbat, traten sie mit einer stolzen Neigung des Kopfes zurück und setzten ihren Weg mit ruhiger Gleichgültigkeit fort. Mitten in dieser Straße hielten wir vor einem Gebäude an, das sich von den anderen, dadurch unterschied, daß es drei Seiten eines großen Hofes bildete, an deren Ecken sich hohe pyramidenförmige Türme erhoben. In der Mitte des Hofes war ein gewaltiger Springbrunnen, aus dem ein blendender Strahl hervorschoß, den ich für Feuer hielt. Durch einen offenen Eingang betraten wir das Haus und kamen in eine große Halle, wo mehrere Gruppen Kinder, anscheinend wie in einer großen Fabrik beschäftigt waren. In der Mauer war eine große Dampfmaschine in voller Tätigkeit. Sie hatte Räder und Zylinder und glich unseren Dampfmaschinen, nur daß sie reich mit kostbaren Steinen und Metallen verziert war und ein mattes Phosphor-Licht auszuströmen schien. Viele der Kinder waren bei einer geheimnisvollen Arbeit an dieser Maschine tätig. Andere saßen an einer langen Tafel. Es wurde mir gestattet, lange genug zu verweilen, um die Art ihrer Beschäftigung näher zu betrachten. Kein Laut ließ sich vernehmen. Kein Gesicht wandte sich uns zu. Die Kinder blieben so still und gleichgültig wie Geister, durch deren Mitte lebende Wesen unbeachtet schreiten.

Nachdem wir die Halle verlassen hatten, führte mich mein Begleiter durch eine Galerie, deren reiche Malereien mit ihren viel mit Gold gemischten Farben den Bildern Lukas Kranachs glichen. Die Gemälde stellten, wie es mir schien, geschichtliche Ereignisse der Rasse dar, in deren Mitte ich mich jetzt aufhielt.

Die meisten der darauf befindlichen Figuren glichen den menschenähnlichen Geschöpfen, die mich hier umgaben, aber nicht alle trugen dieselbe Kleidung, auch hatten nicht alle Flügel. Auch die abgebildeten Tiere und Vögel waren mir gänzlich fremd. Soweit mir meine unvollkommene Kenntnis der Malkunst eine Meinung gestattet, schienen mir die Bilder sehr gut in der Zeichnung und reich in der Farbe zu sein. Sie zeugten von genauer Kenntnis der Perspektive, die Komposition jedoch war nicht geschlossen, es fehlte ein Augenpunkt, sodaß der Effekt unbedingt, zerstreut und verwirrend war. Die Bilder glichen fremdartigen Fragmenten aus einem Traume über Kunst.

Von hier gelangten wir in ein Zimmer von mittlerer Größe, in dem, wie ich später erfuhr, die Familie meines Führers versammelt war und um einen zur Mahlzeit gedeckten Tisch saß. Die Gruppe bestand aus der Gattin meines Begleiters, seiner Tochter und zwei Söhnen. Ich erkannte sofort den Unterschied zwischen beiden Geschlechtern, obgleich die Frauen größer und robuster waren als die Männer und ihre Gesichtszüge, wenn auch regelmäßiger in der Form, doch völlig den weichen und zurückhaltenden Ausdruck entbehrten, der dem Frauenantlitze, wie wir es droben auf unserer Erde sehen, so großen Reiz verleiht.

Die Frau trug keine Flügel, aber die ihrer Töchter waren größer als die der Männer.

Auf einige Worte meines Führers hin erhoben sie sich alle von ihren Plätzen und begrüßten mich mit dem ihnen eigentümlichen milden Blicke und der Bewegung, die ich schon einmal erwähnte und die diesem furchtbaren Geschlechte allgemein eigen ist.

Dieser Gruß besteht darin, daß sie einem die rechte Hand sehr sanft auf den Kopf legen und in weichem, zischendem Tone „S. Si“ flüstern, was so viel wie: „Willkommen!“ heißt.

Die Herrin des Hauses hieß mich neben ihr niedersitzen und reichte mir eine goldene Schüssel.

Die Speisen waren mir alle fremd. Ich bewunderte ihren Wohlgeschmack und mehr noch ihren fremdartigen Duft. – Während ich aß, unterhielt sich die Familie ruhig und zwar vermied sie, wie es mir schien, jede direkte Beziehung auf mich, sowie jede genaue Prüfung meiner Erscheinung. Und doch war ich das erste Geschöpf einer Art von Menschen, die sie noch nicht gesehen hatten und war allen eine höchst eigentümliche und ungewöhnliche Erscheinung.

Aber diesem Volke ist jede Roheit fremd. Dem jüngsten Kinde wird gelehrt, jede Heftigkeit und Aufregung zu verachten. Als die Mahlzeit beendet war, nahm mein Führer mich wieder bei der Hand, ging zurück in die Galerie und berührte hier einen metallenen mit wunderlichen Figuren gezierten Knopf, den ich mit Recht für etwas unserem Telegraphen Ähnliches hielt.

Es senkte sich eine Platte herab, auf der wir dieses Mal viel höher als in dem vorigen Gebäude gelangten. Bald befanden wir uns in einem Zimmer mittlerer Größe, das im Allgemeinen einen Besucher aus der Oberwelt wohl anheimeln konnte. An den Wänden befanden sich Regale mit Büchern. Sie waren sehr klein, meist in Duodezformat und in feine Metallschalen gebunden. Einige wunderlich aussehende Stücke Mechanismus, dem Anschein nach Modelle, wie man sie öfter in der Arbeitsstätte eines Mechanikers findet, lagen zerstreut umher. Vier Automaten, durch die bei diesem Volke die häuslichen Dienste verrichtet werden, standen gespensterhaft in jeder Ecke. Eine Nische barg ein niedriges Lager, eine Art Bett mit Kissen. Das Fenster, dessen zurückgeschobene Gardinen aus irgend einem faserigen Stoffe angefertigt waren, führte auf einen großen Balkon. Mein Wirt trat hinaus und ich folgte ihm. Wir waren auf der höchsten Galerie einer eckigen Pyramide. Der Blick hinab war von feierlich hinreißender Schönheit.

Es ist unmöglich, ihn zu beschreiben. Lange Reihen steiler Felsen bildeten den fernen Hintergrund. Die dazwischenliegenden Täler mit geheimnisvoll buntem Strauchwerke, das Blitzen der Wasser, deren Ströme roten Flammen glichen, der helle Glanz, der sich von den Myriaden Lampen über das alles ergoß, bildete ein Ganzes, das sich mit Worten nicht beschreiben läßt, – glänzend war es und doch so düster, anmutig und ehrfurchterweckend.

Bald wurde meine Aufmerksamkeit von dieser Landschaft abgelenkt. Eine fröhliche Musik tönte plötzlich wie von der Straße herauf, dann schwebte eine geflügelte Gestalt in den Raum, eine andere folgte ihr, wie um jene einzuholen; noch und noch eine folgte, bis sich eine dichte Menge zusammengeschaart hatte, so daß sie nicht mehr zu zählen waren.

Wie soll ich die phantastische Grazie dieser Gestalten in ihren schwebenden Bewegungen beschreiben! Wie es schien, überließen sie sich irgend einem Scherz oder Vergnügen. Jetzt bildeten sie Quarrés, dann zerstreuten sie sich wieder; jetzt durchschnitt eine Gruppe die andere, durchschwebte und umgarnte sie – das alles geschah im Takte der Musik, wie in dem Zaubertanze Peris.

In fieberhaftem Staunen wandte ich den Blick nach meinem Wirte. Ich wagte, meine Hand auf die großen Flügel zu legen, die auf seiner Brust übereinanderfielen, aber kaum hatte ich das getan, als ein leichter wie elektrischer Schlag mich durchzuckte. Erschreckt fuhr ich zurück. Mein Wirt lächelte und breitete, als ob er gütig meine Neugier befriedigen wollte, langsam seine Schwingen aus. Da bemerkte ich, daß seine Kleider sich unter denselben blähten wie eine mit Luft gefüllte Blase. Die Arme schienen in die Flügel zu gleiten, und im nächsten Augenblicke hatte er sich in die glänzende Atmosphäre geschwungen und schwebte dort mit ausgebreiteten Schwingen wie ein Adler, der sich in der Sonne wiegt. Dann tauchte er rasch nieder zwischen der Gruppe, schwebte durch die Mitte und schwang sich plötzlich wieder in die Lüfte. Darauf tauchten drei Gestalten, eine schien die Tochter meines Führers zu sein, aus der Gruppe auf und folgten ihm flüchtig wie ein Vogel dem anderen. Meine Augen, von den Lichtern und der Menge geblendet und verwirrt, vermochten nicht mehr die Kreise und Wendungen der geflügelten Gespielen zu unterscheiden; da tauchte mein Begleiter wieder aus der Menge hervor und war wieder an meiner Seite.

All das Seltsame, was ich gesehen hatte, begann meine Sinne zu verwirren. Mein Geist fing an, unruhig zu werden. Obgleich ich nicht abergläubisch bin und bisher nie daran gedacht hatte, daß der Mensch in körperliche Beziehungen zu Dämonen treten könne, empfand ich doch jetzt den Schrecken und die wilde Aufregung, in der sich zur Römerzeit ein Reisender befand, der glaubte daß er einen Sabbat von Teufeln und Hexen sähe. Ich erinnere mich dunkel, daß ich durch heftige Gestikulationen und laute, unzusammenhängende Worte die Bemühungen meines höflichen, liebenswürdigen Wirtes, mich zu beruhigen und zu besänftigen, zurückzustoßen suchte. Daß ich seine Vermutung zurückwies, daß mein Schreck und meine Furcht von dem Unterschiede in Form und Bewegungen zwischen uns herrührten. Die Flügel, die beim Gebrauche meine höchste Verwunderung erregten, schienen nur noch mehr hervorzutreten, sein freundliches Lächeln, mit dem er um meine Furcht zu zerstreuen, die Flügel herabhängen ließ, um mir zu zeigen, daß sie nur eine mechanische Erfindung wären, konnte mich nicht beruhigen. Diese plötzliche Umwandlung vergrößerte meine Angst nur noch mehr; und wie das höchste Entsetzen oft zu höchsten Wagnissen anspornt, sprang ich wie ein wildes Tier auf ihn los und faßte ihn bei der Kehle. Im nächsten Augenblicke lag ich wie von einem elektrischen Schlage am Boden hingestreckt. Das letzte wirre Bild, das ich vor Augen hatte, bis mir die Besinnung gänzlich schwand, war die Gestalt meines Wirtes, wie sie neben mir kniete, mit der einen Hand auf meiner Stirne, und das schöne ruhige Antlitz seiner Tochter, deren große, tiefe, unergründliche Augen sich fest in die meinen senkten.

Sechstes Kapitel

Wie ich später erfuhr, blieb ich viele Tage, ja nach unserer Zeitrechnung mehrere Wochen in diesem bewußtlosen Zustande. Als ich wieder zu mir kam, befand ich mich in einem fremden Zimmer. Mein Wirt und seine ganze Familie waren um mich versammelt, und zu meinem höchsten Erstaunen sprach mich die Tochter in meiner eigenen Sprache, nur mit einem etwas fremdartigen Accent, an.

„Wie fühlen Sie sich?“ fragte sie.

Es währte einige Augenblicke, bevor ich meine Überraschung beherrschen und stammeln konnte: „Sie kennen meine Sprache? Wie ist das möglich? Wer, was sind Sie?“

Mein Wirt lächelte und gab einem seiner Söhne ein Zeichen, worauf dieser von einem Tische eine Anzahl dünner Metallblätter nahm, auf denen verschiedene Gegenstände, ein Haus, ein Baum, ein Vogel, ein Mensch und anderes mehr gemalt waren.

In diesen Abbildungen erkannte ich meine eigene Art zu zeichnen wieder. Unter jeder Figur stand die Bezeichnung derselben in meiner Sprache und in meiner Schreibart geschrieben und in einer anderen Schrift ein mir fremdes Wort darunter.

„So fingen wir an“, sagte der Wirt; „und meine Tochter Zee, die zu dem ›Colleg der Weisen‹ gehört, ist sowohl Ihre wie unsere Lehrerin gewesen.“

Darauf brachte mir Zee andere Metallblätter, auf denen erst Worte, dann Sätze in meiner Schrift geschrieben standen. Unter jedem Worte und jedem Satze waren wieder fremde Buchstaben von anderer Hand. Ich nahm meine Sinne zusammen und begriff, daß man eine Art Wörterbuch hergestellt hatte. War das geschehen, während ich besinnungslos gewesen war? „Das ist für jetzt genug“, sagte Zee in befehlendem Ton. „Ruhen Sie und genießen Sie etwas“.

Siebentes Kapitel

In dem geräumigen Gebäude wurde mir ein Zimmer für mich allein angewiesen. Es war sehr hübsch und phantastisch ausgestattet, aber ohne allen Schmuck von Metall und Edelsteinen, wie in den mehr öffentlichen Räumen. Die Wände sowie der Fußboden waren mit einer bunten, aus Fasern und Pflanzenstengeln gearbeiteten Matte bekleidet.

Das Bett war ohne Vorhänge, seine eisernen Träger ruhten auf krystallenen Kugeln. Die Decken bestanden aus einem feinen weißen baumwollenartigen Stoffe. Auf verschiedenen Regalen standen Bücher. Eine durch Gardinen abgeschlossene Nische führte zu einem großen Bauer, der Singvögel aller Art enthielt. Keiner von ihnen glich denen, die ich auf der Erde gesehen habe, eine schöne Taubenart ausgenommen, doch auch diese zeichnete sich durch einen hohen Kamm bläulicher Federn von unseren Tauben aus. Alle diese Vögel waren zu kunstvollem Gesange abgerichtet. Sie übertrafen bei weitem unsere Buchfinken, die kaum zwei Töne hervorzubringen vermögen und wohl nicht im Chore singen können. Man glaubte sich in eine Oper versetzt, wenn man dem Gesange jener Vögel lauschte. Da ertönten Duette und Terzette,

Quartette und Chöre, alles zu einem Musikstücke zusammengefügt. Wollte ich die Vögel zum Schweigen bringen, brauchte ich nur die Gardine vor den Bauer zu ziehen; sobald sie sich im Dunkeln befanden verstummte der Gesang. Eine andere Öffnung bildete ein Fenster ohne Scheibe. Bei dem Druck auf eine Feder schloß sich die Öffnung durch einen Laden, der, von einer zwar weniger durchsichtigen Substanz als unser Glas, doch noch klar genug war, um einen freien Blick auf das Bild draußen zu gewähren. Vor diesem Fenster befand sich ein Balkon oder richtiger ein hängender Garten, in dem herrliche Pflanzen und prächtige Blumen wuchsen. Der Charakter dieses Zimmers und alles dessen was dazu gehörte war fremdartig in seinen Einzelheiten, doch als Ganzes entsprach es dem modernen Begriffe von Luxus. Es hatte etwas Heimisches, und würde, wenn man es zwischen den Gemächern einer englischen Herzogin oder eines modernen französischen Autors gefunden hätte, Bewunderung erregt haben. Vor meiner Ankunft war es Zee's Zimmer gewesen, sie hatte es mir gastfreundlich überlassen.

Einige Stunden nach meinem Erwachen, das ich im letzten Kapitel beschrieb, lag ich auf meinem Lager und versuchte meine Gedanken zu konzentrieren und über die Natur und den Geist des Volkes, unter das ich geraten war, nachzudenken, als mein Wirt und seine Tochter Zee in das Zimmer traten. Ersterer fragte mich höflich in meiner Muttersprache, ob es mir angenehm wäre, mich zu unterhalten, oder ob ich vorzöge, allein zu bleiben. Ich erwiderte, daß ich mich sehr geehrt und verbunden fühlen würde, wenn mir Gelegenheit geboten würde, meinen Dank für die Gastfreundschaft und Liebenswürdigkeit auszudrücken, die ich in einem Lande, in dem ich ein Fremdling war, empfangen habe, und so viel von seinen Sitten und Gewohnheiten kennen zu lernen, um nicht mit meiner Unwissenheit dagegen zu verstoßen.

Während ich sprach, hatte ich mich natürlich von meinem Lager erhoben, aber Zee ersuchte mich höflich, mich wieder niederzulegen. Obgleich mich das sehr verwirrte, lag doch etwas in ihrer Stimme und ihrem Auge, was mich zwang, ihr zu gehorchen. Sie setzte sich selbst am

Fußende des Bettes nieder, während ihr Vater wenige Schritte davon auf einem Divan Platz nahm.

„Von welchem Weltteile kommen Sie nur," fragte mein Wirt, „daß wir Ihnen sowohl wie Sie uns so fremd erscheinen? Außer den ursprünglichen Wilden, die in den einsamsten, unkultiviertesten Höhlen wohnen, die kein anderes Licht als das vulkanischer Feuer kennen und, wie so viele kriechende und fliegende Dinge, zufrieden ihren Weg im Dunkeln tappen, außer ihnen habe ich wohl von fast allen von uns abweichenden Rassen einzelne Exemplare gesehen. Aber unmöglich können Sie ein Glied jenes barbarischen Stammes sein, nein, Sie müssen einem zivilisierten Volke angehören."

Etwas gereizt über diese letzte Bemerkung erwiderte ich, daß ich die Ehre hätte, einer der zivilisiertesten Nationen der Erde anzugehören. Daß ich, was das Licht beträfe, bewundere, mit welcher Gleichgültigkeit und Geringschätzung des Kostenaufwandes mein Wirt und seine Mitbürger Regionen beleuchteten, in die kein Sonnenstrahl dringt, daß ich aber nicht begreifen könne, wie irgend jemand, der nur einmal die Himmelskörper geschaut habe, die künstlichen von Menschen erfundenen Lichter ihrem Glanze vorziehen könne. Aber mein Wirt sagte, daß er von den meisten Rassen Exemplare gesehen hätte, außer den von ihm erwähnten elenden Barbaren. Nun war es möglich, daß er nie auf der Oberfläche der Erde gewesen war, und seine Worte bezogen sich wohl nur auf die Bewohner, die im Innern der Erde begraben waren.

Mein Wirt schwieg während einiger Augenblicke. Auf seinem Antlitze drückte sich hohe Überraschung aus, wie sie diese Bewohner selbst in den außergewöhnlichsten Fällen nur selten kund geben. Aber Zee war klüger und rief aus: „Da siehst Du, Vater, daß in der alten Sage, an die alle Stämme zu allen Zeiten glaubten, Wahrheit liegt, volle Wahrheit!"

„Zee", entgegnete mein Wirt sanft, „Du gehörst zu dem Colleg der Weisen und solltest klüger sein als ich; aber als oberster Verwalter der Beleuchtung ist es meine Pflicht, nichts eher zu glauben, als bis ich es mit meinen eigenen Sinnen geprüft habe." Darauf wandte er sich zu mir und tat mehrere Fragen über die Oberfläche der Erde und die Himmelskörper. Obgleich ich ihm nach bestem Wissen antwortete, schienen ihn meine Antworten weder zu befriedigen, noch zu überzeugen. Ruhig schüttelte er mit dem Kopfe, und den Gesprächsgegenstand rasch wechselnd, fragte er mich, wie ich von einer Welt in die andere herabgekommen sei, wie er sich auszudrücken beliebte. Ich entgegnete, daß in der Erde Minen seien, die sehr viele Mineralien und Metalle enthielten, die zu unserem Gebrauche und zum Vorwärtsschreiten unserer Kunst und Industrie sehr notwendig seien. Dann gab ich eine kurze Erklärung des unglücklichen Zufalles, durch den mein armer Freund und ich beim Ausforschen einer dieser Minen einen Blick in diese Regionen erhalten hatten, wie wir hinabgestiegen waren und dieses Wagnis meinem armen Freunde das Leben gekostet hatte. Als Beleg für die Wahrheit meiner Erzählung berief ich mich auf das Tau und die Haken, die der Knabe in das Haus gebracht hatte, das mich zuerst beherbergte.

Mein Wirt fuhr fort, mich über die Sitten und Gewohnheiten der auf der Erdoberfläche lebenden Bewohner auszufragen, namentlich über die, die wie er sich auszudrücken beliebte, in der Kunst am meisten fortgeschritten seien, in einer Gemeinde die glückliche Zufriedenheit zu verbreiten, die einen tugendhaften und gutorganisierten Staat ausmacht. Von dem natürlichen Wunsche beseelt, die Welt, von der ich kam, im besten Lichte darzustellen, berührte ich die veralteten und in Verfall geratenden Einrichtungen Europas nur oberflächlich, um mich um so ausführlicher über die gegenwärtige Größe und den in Aussicht stehenden Vorrang der glorreichen Republik Amerikas zu ergehen, in der Europa neiderfüllt sein Vorbild sucht und zitternd seinen Verfall sieht. Als Beispiel des sozialen Lebens in den Vereinigten Staaten führte ich die vorgeschrittenste Stadt an und erging mich in einer lebhaften Beschreibung der moralischen Sitten New-Yorks. Voll Ärger bemerkte ich auf den Gesichtern meiner Zuhörer, daß meine Beschreibung nicht den guten Eindruck machte, den ich erwartet hatte. Lebhafter fuhr ich fort und ich schilderte eingehend die vortrefflichen demokratischen Einrichtungen und wie sie die Stabilität und das Vertrauen der

Regierungspartei zustande gebracht haben. Ich schilderte ferner die Art und Weise, wie Zufriedenheit selbst in die größere staatliche Gemeinschaft gebracht wird, dadurch, daß jedem einzelnen Bürger Gelegenheit gegeben wird, in bezug auf Erziehung und Charakter das Bestmöglichste zu entwickeln. Glücklicherweise rief ich mir den Schluß einer Rede über den läuternden Einfluß der amerikanischen Demokratie und ihre Verbreitung über die Erde in das Gedächtnis zurück, die ein beredter Senator gehalten hatte, für dessen Wahlstimme in den Senat eine Eisenbahngesellschaft, zu der meine beiden Brüder gehörten, eben erst 20 000 Dollars bezahlt hatte. Begeistert wiederholte ich seine Prophezeihungen über die glänzende Zukunft, die der Menschheit entgegenstrahle, wenn die Fahne der Freiheit über einem ganzen Festlande wehen und zweihundert Millionen gebildeter Bürger, von Jugend auf an den täglichen Gebrauch der Revolver gewöhnt, ein sinkendes Universum der Lehre des Patrioten Monroe anheim stellen werde.

Als ich zu Ende war, schüttelte mein Wirt leise den Kopf und versank in sinnendes Nachdenken, indem er mir und seiner Tochter durch ein Zeichen zu verstehen gab, daß wir uns ruhig verhalten möchten. Nach einer Weile hob er in ernstem, feierlichen Tone an: „Wenn Sie, wie Sie sagten, glauben, daß Sie, obgleich ein Fremder, Gutes von mir und den Meinigen empfangen haben, so beschwöre ich Sie, daß Sie keinem aus unserem Volke etwas aus jener Welt, aus der Sie kommen, offenbaren, wenn ich Ihnen nicht die besondere Erlaubnis dazu gebe. Wollen Sie mir diese Bitte gewähren?“

„Gewiß, ich gebe mein Wort darauf“ sagte ich, einigermaßen verwundert, und reichte zum Handschlag meine Rechte hin. Er aber legte meine Hand sanft auf seine Stirn und seine Rechte auf meine Brust, wie das bei diesem Volke Brauch für alle Arten von Versprechungen und mündlichen Verbindlichkeiten ist. Dann wandte er sich an seine Tochter: „Und Du, Zee, wirst Niemandem wiederholen, was dieser Fremde uns von seiner anderen Welt gesagt hat oder noch sagen wird.“ Zee erhob sich, küßte ihren Vater auf die Schläfe und sagte lächelnd: „Die Zunge einer Gy ist lebhaft, aber die Liebe kann sie fesseln. Und selbst wenn Du fürchtest, mein Vater, daß ein unbedachtes Wort von Dir oder mir unsere Gemeinde gefährden könnte, indem es in ihr das Verlangen weckt, eine Welt, die über uns ist, zu erforschen, würde nicht ein Strom des Vril, richtig geführt, selbst die Erinnerung an das, was wir von dem Fremdling erfuhren, aus unserem Gedächtnisse wischen?"

„Was ist Vril?" fragte ich.

Nun gab mir Zee eine Erklärung, von der ich sehr wenig verstand, denn keine der Sprachen, die ich kenne, hat ein Wort, das gleichbedeutend mit Vril ist. Ich würde es Elektrizität nennen, doch begreift es viele andere Naturkräfte in sich, die in unserer wissenschaftlichen Sprache verschiedene Namen haben, wie Magnetismus, Galvanismus usw. Dieses Volk hier glaubt, daß Vril alle Naturkräfte in sich vereinigt, deren Vorhandensein viele unserer Philosophen vermutet haben und über deren gegenseitige Beziehungen der berühmte Faraday, der so viel experimentiert hat, sich in folgenden vorsichtigen Worten äußert: „Ich bin gleich vielen anderen Naturwissenschaftlern der Meinung gewesen, daß die verschiedenen Formen, in denen die betreffenden Kräfte sich zeigen, einen Ursprung haben, oder mit anderen Worten: sie sind so nahe miteinander verwandt und so voneinander abhängig, daß man eine in die andere umwandeln und so eine gleiche Wirkung mit ihnen erzielen kann."

Diese unterirdischen Philosophen behaupten daß sie durch eine Anwendung des Vril, den Faraday vielleicht atmosphärischen Magnetismus nennen würde, die verschiedene Temperatur, einfacher gesagt: das Wetter beeinflussen können; daß sie durch Vril-Leiter auf Geist eine dem Mesmerismus, der Elektro-Biologie und anderen Kräften verwandte Operation auf animalische und vegetabilische Körper einen Einfluß ausüben könnten, der keine Fabel unserer Mystiker nahe kommt.

Für alle diese Wirkungen haben sie die allgemeine Benennung Vril. Zee fragte mich, ob es in meiner Welt bekannt wäre, daß alle Kräfte des Geistes durch Verzückungen und Visionen zu einem in wachem Zustande unbekanntem Grade angefeuert werden könnten, daß die Gedanken des einen Hirnes dann in ein anderes übertragen werden können und dadurch eine rasche Verständigung möglich sei. Ich entgegnete, daß man sich bei uns von dergleichen erzähle, und daß ich oft gehört und gesehen hätte, in welcher Weise man solche Verzückungen und Visionen künstlich hervorruft, z. B. durch Mesmerische Hellseherei; daß derartige Operationen jetzt aber bespöttelt und nur noch selten in Anwendung gebracht würden, teils wegen der groben Betrügereien, zu denen sie Anlaß gegeben haben, teils weil die Wirkung selbst da, wo sie bei einzelnen außergewöhnlichen Konstitutionen eine wahre gewesen war, sie bei genauer Prüfung und Analyse doch nur unbefriedigend erschien. Es ließ sich keine Wahrheit darauf begründen und keine praktische Anwendung darauf aufbauen und sie gereichte den Abergläubischen nur zum Schaden. Zee lauschte meinen Worten mit wohlwollender Aufmerksamkeit und entgegnete, daß anfangs auch bei ihnen dergleichen Aberglauben und Mißbräuche vorgekommen wären und man die Kraft des Vril falsch angewendet hätte; sie behalte sich jedoch ein weiteres Besprechen dieses Gegenstandes vor, bis ich fähiger würde, darauf einzugehen. Sie begnügte sich damit, hinzuzufügen, daß ich, nachdem man mich in einen Zustand der Verzückung versetzt hatte, durch die Wirkung des Vril mit den Anfangsgründen ihrer Sprache bekannt gemacht worden sei, und daß sie und ihr Vater – die Einzigen in der Familie, die sich der Mühe unterzogen hatten, das Experiment zu beobachten – dabei meine Sprache besser kennen gelernt hätten, als ich die ihrige; teils weil meine Sprache viel einfacher sei als ihre eigene, und teils, weil ihre Organisation ursprünglich viel lenkbarer und befähigter sei, sich Kenntnisse anzueignen, als die meinige. Ich bezweifelte das im Stillen. Da ich im Laufe eines praktischen Lebens sowohl zu Hause wie auf Reisen viel Gelegenheit gehabt hatte, meinen Geist zu bilden, so konnte ich nicht annehmen, daß meine geistige Organisation weniger ausgebildet sein sollte, als die eines Volkes, das sein ganzes Leben bei Lampenlicht zubrachte. Aber während ich so dachte, deutete Zee mit ihrem Zeigefinger auf meine Stirn und ich versank in Schlaf.

Achtes Kapitel

Als ich wieder erwachte, erblickte ich an meinem Lager den Knaben, der das Tau und die Enterhaken in das Haus gebracht hatte, in dem man mich zuerst aufgenommen hatte und das, wie ich später erfuhr, der Wohnort des obersten Magistrates war. Der Knabe namens Taë war der älteste Sohn meines Wirtes. Ich bemerkte, daß ich während dieses letzten magnetischen Schlafes noch größere Fortschritte in der Sprache dieses Landes gemacht hatte und mich mit Leichtigkeit ziemlich fließend unterhalten konnte.

Dieser Knabe war selbst unter der schönen Rasse, der er angehörte, auffallend schön. Sein für seine Jahre sehr männliches Antlitz trug einen lebhafteren, energischeren Ausdruck, als ich ihn bisher in den heiteren, leidenschaftslosen Gesichtern dieser Menschen gesehen hatte. Er brachte mir das Blatt, auf das ich die Art meines Abstieges und den Kopf des Ungetümes, das mir den Leichnam meines Freundes raubte, gezeichnet hatte. Taë deutete auf die letzte Skizze und fragte nach der Größe und Gestalt des Ungetümes, und nach der Höhle oder Kluft, aus der es aufgetaucht war. Er interessierte sich so sehr für meine Antworten, daß die Neugier, etwas über mich und meine Vorfahren zu erfahren, für eine Zeit zurückgedrängt wurde. Aber zu meiner großen Verlegenheit begann er, als er bemerkte, wie ich mich gegen meinen Wirt verpflichtet fühlte, mich auszufragen, woher ich käme, als glücklicherweise Zee eintrat. Da sie die Frage gehört hatte, sagte sie: „Taë, gib unserem Gaste jede Auskunft, die er wünscht, Du aber befrage ihn über nichts. Ihn fragen, wer er ist, woher er kommt, was er hier will, wäre ein Überschreiten des Gesetzes, das mein Vater für dieses Haus gegeben hat."

„So sei es", sagte Taë, indem er seine Rechte auf das Herz legte; und bis zu dem Augenblicke, wo ich den Knaben, mit dem ich so vertraut wurde, zum letzten Male sah, richtete er nie eine dieser verbotenen Fragen an mich.

Neuntes Kapitel

Erst nach einiger Zeit und nach wiederholten Verzückungen, wenn ich sie so nennen darf, gewöhnte sich mein Geist daran, mit meiner Umgebung Gedanken auszutauschen. ich lernte besser, die verschiedenen Sitten und Bräuche verstehen, die meiner Erfahrung anfangs zu fremd waren, als daß sie mein Verstand gefaßt hätte. Dann erst war ich fähig, die folgenden Einzelheiten über den Ursprung und die Geschichte dieser unterirdischen Bevölkerung als einen Teil eines großen Geschlechtes, Ana genannt, zusammenzufassen.

Den frühesten Traditionen nach hatten die ersten Vorfahren dieser Rasse in einer Welt gehaust, die über der gelegen war, die ihre Nachkommen jetzt bewohnten. Die Urkunden enthielten noch Mythen über jene Welt. Legenden erzählten von einem gewölbtem Dome, dessen Lampen von keiner Menschenhand angezündet waren. Aber derartige Legenden wurden meist für Allegorien gehalten. Nach diesen Traditionen war die Erde zu der Zeit, aus der jene Überlieferungen stammen, nicht mehr in ihrem Uranfange, vielmehr im Übergange aus einer Form der Entwicklung in eine andere begriffen und vielen heftigen Umwälzungen in der Natur unterworfen. Bei einer dieser Umwälzungen war der Teil der Oberwelt, den die Vorfahren dieses Geschlechtes bewohnten, von Überschwemmungen, die nicht plötzlich, sondern allmählich und unbezwingbar kamen, heimgesucht worden. Es kamen bis auf einen kleinen Rest alle um. Ob das eine Erinnerung an unsere in der Bibel erwähnte Sintflut ist oder ob sie aus einer früheren, von Geologen bestrittenen Epoche herrührt, vermag ich nicht zu sagen. Nach der Chronologie dieses Volkes muß sie, wenn man sie mit der Newtons vergleicht, viele tausend Jahre vor Noah stattgefunden haben. Andererseits stimmt die Berechnung jener Schreiber nicht mit der Ansicht der geologischen Autoritäten überein. Sie verlegt das Dasein der Menschheit auf der Erde in eine Epoche in der sich, wie man nach der Einführung der Mammalien annimmt, noch keine festen Körper gebildet hatten.

Eine Rotte dieses unglücklichen Geschlechtes hatte von den Fluten bedroht, in den Höhlen hoher Felsen ihre Zuflucht genommen. Sie wanderte durch Schluchten und Klüfte und verlor die Oberwelt für immer aus den Augen. Diese große Umwälzung hatte der Erde ein ganz neues Ansehen gegeben. Das Festland wurde in Meer, das Meer in Festland verwandelt. Wie man mir als feste Tatsache erzählte, findet man noch jetzt im Inneren der Erde Überreste menschlicher Wohnungen; nicht Wohnungen in Höhlen und Hütten, sondern große Städte, deren Ruinen von der Zivilisation von Geschlechtern zeugen, die vor der Zeit Noahs existierten und nicht zu jenen Rassen gezählt werden können, von denen die Philosophie sagt, daß sie sich des Feuersteines bedienten und das Eisen nicht kannten.

Die Flüchtlinge hatten die Kenntnis der Künste, die sie auf Erden geübt hatten, ihre Kultur und Zivilisation mit sich genommen. Ihre erste Aufgabe im Inneren der Erde muß gewesen sein, das Licht zu ersetzen, das sie verloren hatten. Die Kunst, aus Gasen, Mangan oder Petroleum Licht zu ziehen, scheint den Geschlechtern, von denen das unter dem ich jetzt weilte, einen Stamm bildete, niemals, selbst nicht zur Zeit der mündlich überlieferten Periode, fremd gewesen zu sein. Sie hatten sich daran gewöhnt, sich mit den rohen Naturkräften zu begnügen; aber der lange Kampf, den sie mit ihrem Besieger, dem Ozean, gehabt hatten, der Jahrhunderte hindurch währte, hatte ihre Geschicklichkeit, Wasser in Teiche und Kanäle einzudämmen, vervollkommnet. Dieser Geschicklichkeit verdankten sie ihre Rettung in diesen neuen Wohnstätten. „Viele Generationen hindurch“, sagte mein Wirt voll Abscheu und Widerwillen, „sollen unsere frühesten Vorväter sich dadurch erniedrigt und ihre Lebenszeit abgekürzt haben, daß sie das Fleisch der verschiedenartigsten Tiere aßen, die der Überschwemmung entkommen waren und im Inneren der Erde Schutz gesucht hatten. Andere Tiere, die man auf der Oberwelt nicht kennt, wurden in diesen Höhlen vorgefunden.“

Als das geschichtliche Zeitalter, wie wir es nennen, aus dem Dämmerlichte der Traditionen auftauchte, waren die Ana in verschiedene

Gemeinden geteilt und hatten in der Zivilisation eine Stufe erreicht, die der sehr nahe kam, die die vorgeschrittenen Nationen der Oberwelt jetzt einnehmen. Sie waren mit den meisten unserer mechanischen Erfindungen, der Anwendung von Dampf und Gas mit inbegriffen, vertraut. Die Gemeinden beobachteten gegenseitig eine gemessene Haltung.

Sie hatten ihre Reichen und ihre Armen, ihre Redner und Eroberer. Sie bekriegten einander sowohl um eines Besitztumes wie um einer Idee willen. Obgleich die verschiedenen Staaten auch ihre verschiedenen Regierungen hatten, fingen doch die freien Institutionen an die Übermacht zu gewinnen. Die Volksversammlungen wurden einflußreicher, Republiken allgemein. Die Demokratie, die die aufgeklärtesten europäischen Politiker für den Haupttrieb des politischen Fortschrittes ansehen und die unter unterirdischen Geschlechtern, die von den Ana als Barbaren verachtet werden, noch herrscht, betrachtet das stolze Geschlecht der Ana, zu dem auch der Stamm gehörte, bei dem ich mich augenblicklich befand, als einen jener rohen, unerfahrenen Versuche, die zum Uranfang politischer Wissenschaften zu rechnen sind. Es war eine neidvolle, haßerfüllte Zeit. Eine Zeit wilder Leidenschaften, beständiger, mehr oder weniger heftiger sozialer Veränderungen, eine Zeit der Streitigkeiten unter Einzelnen, der Kriege zwischen den Staaten. Dieser Zustand dauerte mehrere Zeitalter. Er wurde allmählich durch die Entdeckung geheimer Kräfte, die in dem alles durchdringenden Fluidum, das sie mit Vril bezeichneten, enthalten sind, umgewandelt.

Der Beschreibung nach, die ich von Zee empfing, die als Professor im Kolleg der Weisen dergleichen Dinge eifriger studiert hatte als die anderen Familienmitglieder meines Wirtes, kann man durch dieses Fluidum auf alles, Lebendes wie Lebloses, den mächtigsten Einfluß ausüben.

Es kann zerstörend wirken wie ein Blitzschlag, aber es vermag auch, in anderer Weise angewendet, ein Leben zu erneuern, zu stärken, zu heilen und zu erhalten. Mit seiner Hilfe werden Kranke wiederhergestellt oder vielmehr ihre körperliche Organisation wird in Stand gesetzt, so daß ihre natürlichen Kräfte sich wieder ersetzen und sie sich dadurch selbst heilen.

Dieser Einfluß bahnt ihnen den Weg durch die festesten Substanzen, öffnet ihnen zwischen den Felsen in der unterirdischen Wildnis Täler zum Anbau. Aus dem Vril ziehen sie das Licht, mit dem sie ihre Lampen anzünden und das sie für angenehmer und gesünder halten als alle anderen zündbaren Stoffe, deren sie sich früher bedienten.

Die Entdeckung, wie die Kraft des Vril zu leiten sei, machte sich hauptsächlich im sozialen Leben bemerkbar. Der Krieg hörte unter den Vril-Entdeckern auf, denn sie brachten es in der Kunst der Zerstörung zu einer solchen Vollkommenheit, daß sie alle Übermacht an Zahl, Disziplin oder militärischer Umsicht vernichten konnten. Das Feuer, in der Höhlung eines Stabes, von der Hand eines Kindes geleitet, konnte die stärkste Festung zerstören, konnte sich seinen brennenden Weg vom ersten bis zum letzten Manne eines in Schlachtordnung aufgestellten Kriegsheeres bahnen. Wenn zwei Armeen, die beide diese Kraft kannten, feindlich aufeinanderstießen, konnte es nur zur Vernichtung beider führen.

Darum war die Zeit der Kriege vorüber; aber mit dem Aufhören der Kriege stellten sich wieder andere Übelstände in bezug auf die sozialen Verhältnisse ein. Ein Mensch war so vollständig in die Hände des anderen gegeben, daß es in eines jeden Macht und Willen stand, ihn augenblicklich zu töten. So mußte nach und nach notwendigerweise aller Zwang politischer Systeme und gesetzlicher Formen aufhören. Große Gemeinden, die auf einem umfangreichen Raume zerstreut sind, konnten bisher nur mit Gewalt zusammengehalten werden. Jetzt hörte die Notwendigkeit der Selbsterhaltung und die Sucht nach Bereicherung, die es einem Staate wünschenswert erscheinen läßt, andere in der Zahl der Bevölkerung zu überflügeln, auf.

Daher teilten sich die Vril-Entdecker im Laufe weniger Generationen friedlich in mittelgroße Gemeinden. Der Stamm, in dessen Mitte ich geraten war, beschränkte sich auf zwölftausend Familien. Jeder Stamm beherrschte ein Gebiet, das für seine Bedürfnisse ausreichte, und zu bestimmten Perioden verließ die überzählige Bevölkerung das Land und suchte sich eine neue Heimat. Niemals machte sich die Notwendigkeit zu einer willkürlichen Wahl dieser Auswanderer geltend. Es fand sich immer eine genügende Anzahl, die aus freien Stücken fortzog.

Diese oft geteilten kleinen Staaten gehörten alle zu einem großen Stamme. Sie sprachen dieselbe Sprache, obgleich der Dialekt ein wenig verschieden war. Sie heirateten untereinander und hielten die gleichen Gesetze und Gewohnheiten aufrecht. Die Kenntnis des Vril und das Verständnis ihn anzuwenden, war ein so wichtiges Band zwischen diesen verschiedenen Gemeinden, daß das Wort A-Vril gleichbedeutend war mit Zivilisation, und Vril-ya, das heißt die zivilisierten Nationen, war der Name, der die Gemeinden, die sich auf die Anwendung des Vril verstanden, von denen der Ana unterschied, die noch auf unkultivierter Stufe standen.

Die Regierung des Stammes der Vril-ya, um den es sich hier handelt, war anscheinend sehr kompliziert, in Wahrheit aber sehr einfach! Sie basierte auf einem Prinzipe, das in der Theorie zwar festgestellt, praktisch aber noch wenig erprobt war. Es strebt nach einer Einheit, nach einer einfachen Grundlage, die sich erst nach vielen Irrgängen erreichen läßt. Selbst die Republikaner stimmen dem bei, daß ein Staat am besten unter einem wohlwollenden Oberhaupte verwaltet wäre, wenn man irgend eine Sicherheit dafür hätte, daß diese Macht nicht mit der Zeit mißbraucht würde.

Diese seltsame Gemeinde erwählte daher einen einzigen höchsten Magistrat, Tur genannt. Eigentlich liegt diesem sein Amt auf Lebenszeit ob, aber nur selten kann man ihn davon zurückhalten, es in vorgerücktem Alter niederzulegen.

Es gab in der Tat nichts in dieser Gemeinde, um dessenwillen eines ihrer Mitglieder sich nach den Sorgen eines Amtes hätte gelüsten lassen. Keine Ehren, keine Zeichen eines höheren Ranges begleiteten es. Der oberste Magistrat zeichnete sich weder durch bessere Wohnung noch höhere

Einkünfte aus. Auf der anderen Seite waren die Pflichten, die man ihm auferlegte, sehr leicht und einfach und erforderten weder besondere Energie noch Wissen; denn dadurch, daß die Sorge um den Krieg wegfiel, gab es auch keine Armeen zu erhalten; da es keine Gewaltherrschaft gab, war auch keine Sicherheitsbehörde zu ernennen und zu leiten. Was wir unter Verbrechen verstehen, war den Vril-ya gänzlich unbekannt; Gerichtshöfe existierten daher nicht. Kleine Streitigkeiten, die auch nur selten vorkamen, wurden dem Urteilsspruche von Freunden überlassen , die von beiden Parteien gewählt wurden, oder sie wurden von dem Kollege der Weisen, das ich später beschreiben werde, geschlichtet. Richter gab es nicht, und die Gesetze bestanden auch nur aus einem freundschaftlichen Übereinkommen, denn keine Macht konnte Gesetze gegen einen Beleidiger geltend machen, der in seinem Stabe die Kraft hatte, seine Richter zu vernichten. Es gab einige willkürliche Gebräuche und Regeln, in die die Bevölkerung schweigend gewilligt hatte. Kam irgend jemand eine dieser Vorschriften zu streng vor, so verließ er die Gemeinde und ging wo anders hin. Es herrschte in diesem Staate stillschweigend das Gesetz: Bleibe oder geh, je nachdem dir unsere Regeln und Gewohnheiten zusagen oder mißfallen. Obgleich hier nichts existiert, was wir unter der Bezeichnung Gesetze verstehen, gibt es doch kein Geschlecht oberhalb der Erde, das das Gesetz so beobachtet wie sie. Es ist ihnen zur zweiten Natur geworden den Regeln, die die Gemeinde angenommen hat, zu gehorchen. Sie haben ein Sprichwort, das heißt: Kein Glück ohne Regel, keine Regel ohne Autorität, keine Autorität ohne Einigkeit. Bezeichnend für die Milde ihrer Regierung ist der schlichte Ausdruck für etwas Unerlaubtes, etwas Verbotenes, wie zum Beispiel: „Es wird gebeten, das und das nicht zu tun“. So unbekannt, wie das Verbrechen ist auch die Armut. Nicht daß Eigentum Gemeingut, oder die Besitztümer von gleicher Größe, die Wohnungen von gleichem Luxus gewesen wären! Es gab aber keinen Rangunterschied zwischen den mehr oder weniger Begüterten und der Art der Beschäftigungen. Es folgte ein jeder ohne Neid und Mißgunst seinen Neigungen. Dank dieser Gleichheit versank eine Familie nur selten in Armut. Es gab keine gewagten Spekulationen, niemand strebte nach Rang und großen Reichtümern. Bei seiner Niederlassung wurde einem jeden ein gleich großes Stück Land zugeteilt, aber einige, die glücklicher als die andern gewesen waren, hatten ihre Besitztümer nach und nach vergrößert, eine reichere Ernte gehabt oder einen Handel angefangen. Dadurch waren einzelne wohl reicher als die übrigen, aber keiner war verarmt oder litt Mangel.

Wenn wirklich einmal ein derartiger Fall eintrat, so stand es in eines jeden Macht, auszuwandern oder sich schlimmsten Falles ohne sich dessen schämen zu müssen, an die Reichen zu wenden, die ihre Hülfe nie verwehrten, denn alle Mitglieder der Gemeinde betrachteten sich als Brüder einer einigen liebevollen Familie. Auf diesen Punkt wird meine weitere Erzählung später ausführlicher eingehen.

Das hauptsächlichste Amt des obersten Magistrates war: mit bestimmten Departements, denen die Verwaltung besonderer Einzelheiten oblag, in Verkehr zu stehen. Das Wichtigste und Hauptsächlichste war dabei die Versorgung mit dem nötigen Lichte. Hierin hatte mein Wirt, Aph-Lin, die Oberleitung. Eine andere Abteilung, die man die Abteilung „für Fremdes“ nennen kann, stand mit den verwandten, nachbarlichen Staaten in Verbindung, hauptsächlich um alle neuen Erfindungen kennen zu lernen; einer dritten lag es ob, alle diese Erfindungen und Verbesserungen im Maschinenfache zu prüfen. Mit dieser Abteilung stand das „Colleg der Weisen“ in direkter Verbindung. Ein Colleg, das meist aus Verwitweten, Kinderlosen und jungen, unverheirateten Mädchen bestand, von denen Zee die tätigste war. Wenn das, was wir unter Hervortun und Auszeichnung verstehen, diesem Volke bekannt gewesen wäre, hätte man sagen können, daß sie die Umsichtigste und Hervorragendste war. Die weiblichen Professoren dieses Collegs trieben am eifrigsten die Studien, die man im praktischen Leben für die am wenigsten nutzbringenden hält, wie z. B. rein spekulative Philosophie, Geschichte ferner Zeiten, Entomologie, Conchologie usw. Zee, deren Geist rege war wie der des Aristoteles, hatte zwei Bände über die Schmarotzertiere geschrieben, die im Haare einer Tigerpfote leben. Dieses Werk wurde für das beste erklärt, das man über diesen interessanten Gegenstand besaß.

Aber die Forschungen der Weisen beschränken sich nicht auf derartige subtile Studien. Sie umfassen wichtigere Gegenstände, besonders die Eigenschaften des Vril, zu deren Beobachtung die feinere Nervenorganisation der weiblichen Professoren besonders geeignet ist. Außer diesem Collegium wählt der Tur oder oberste Magistrat drei Ratgeber für den seltenen Fall, daß ihm bei der Neuheit irgend eines vorkommenden Ereignisses oder Umstandes sein eigenes Urteil nicht hinreichend erscheint.

Einige andere Abteilungen sind von geringerem Einflusse, aber überall geht es so ruhig und geräuschlos zu, daß eine Oberaufsicht unnütz zu sein und ganz zu verschwinden scheint. Allgemeine Ordnung und Regelmäßigkeit ist vollständig zum Naturgesetze geworden. Maschinerien werden bei allen Beschäftigungen in und außer dem Hause in weitestem Maße gebraucht. Die Abteilung, deren Aufsicht sie unterliegen, ist unaufhörlich damit beschäftigt, ihre Wirksamkeit noch zu erweitern. Eine arbeitende oder dienende Klasse gibt es nicht. Zum Beistand und zur Beaufsichtigung der Maschinen nimmt man Kinder, von der Zeit, wo sie der mütterlichen Sorge entwachsen, bis zu dem Alter, wo sie heiratsfähig sind, d. i. für die Gy-ei (Mädchen) das sechszehnte, für die Ana (Männer) das zwanzigste Jahr. Ein jedes dieser Kinder widmet sich der Beschäftigung, die ihm am meisten zusagt. Einige wählen ein Handwerk, andere den Ackerbau, wieder andere häusliche Verrichtungen und noch andere den einzigen Dienst, in dem diese Leute einer Gefahr ausgesetzt sind. Diese Gefahren bestehen erstens in den zeitweiligen Erschütterungen im Inneren der Erde, die vorauszusehen sind und gegen die sich zu schützen es des größten Scharfsinnes bedarf, ferner in Ausbrüchen von Feuer und Wasser, unterirdischen Stürmen, ausströmenden Gasen. An der Grenze der Domäne und überall, wo man eine solche Gefahr befürchtet, sind Wächter aufgestellt. Sie sind telegraphisch mit der Halle, in der auserwählte Weise abwechselnd fortwährende Sitzungen abhalten, verbunden. Zu diesen Wächtern wählt man ältere Knaben, die sich dem Mannesalter nahen, nach dem Prinzipe, daß gerade in dem Alter die Beobachtungsgabe und die physischen Kräfte schärfer und reger sind als in jedem anderen Lebensalter. Der zweite gefährliche, wenn auch weniger ernste Dienst ist die Vernichtung aller dem Leben, der Kultur, ja selbst dem Komfort der Ana feindlichen Geschöpfe. Die schädlichsten davon sind das große Gewürm, von dem unsere Museen vorsündflutliche Reste bewahren, und riesenhafte geflügelte Geschöpfe, halb Vogel, halb kriechendes Tier. Jüngeren Kindern ist es überlassen, diese und weniger wilde, unseren Tigern und giftigen Schlangen ähnliche Tiere zu töten und zu vernichten, weil, wie die Ana meinen, ein Kind mit um so kälterem Blute zu töten vermag, je jünger es ist. Es gibt noch eine andere Klasse von Tieren, deren Vernichtung Kindern mittleren Alters überlassen bleibt, Tiere, die kein Menschenleben bedrohen, die aber das Erzeugnis ihrer Arbeit zerstören, eine Art Reh und ein kleineres, unserern Kaninchen sehr ähnliches Tier, das der Ernte sehr viel schädlicher ist und sehr schlau die Felder verwüstet. Es ist die erste Aufgabe jener Kinder, den gelehrigsten dieser Tiere Achtung vor durch Grenzsteine gekennzeichneten Einzäunungen beizubringen, wie man den Hunden lehrt, Respekt vor der Speisekammer zu haben oder wohl auch das Eigentum ihres Herrn zu bewachen. Nur die Tiere, die dafür nicht abzurichten sind, werden getötet. Um der Nahrung oder des Vergnügens willen, wird keinem das Leben genommen. Es wird aber niemals geschont, wo es den Ana feindlich ist. In Gemeinschaft mit diesen körperlichen Arbeiten und Beschäftigungen schreitet auch die geistige Bildung der Kinder vor, bis sie die Kinderjahre hinter sich haben. Der allgemeinen Sitte gemäß machen sie dann im Kolleg der Weisen einen Kursus durch, in dem der Student neben den allgemeinen Stunden auch noch speziellen Unterricht in dem Fache und dem Berufe erhält, den er sich selbst wählt. Einige jedoch ziehen es vor, diese Probezeit in praktischer Arbeit zu verbringen, oder sie wandern aus, oder widmen sich gleich einer landwirtschaftlichen oder zum Handel gehörigen Tätigkeit.

Keiner persönlichen Neigung wird irgend ein Zwang auferlegt.

Zehntes Kapitel

An heißt Mann. Das Wort Ana – breit ausgesprochen wie Arna – ist gleichbedeutend mit unserem Plural Männer. Das Wort für Frau ist Gy, hart ausgesprochen wie Gei; im Plural verwandelt es sich in Gy-ei; da wird das G weich, wie Jy-ei ausgesprochen.

Sie haben ein Sprichwort, das beweist, daß dieser Unterschied in der Aussprache symbolisch ist; denn so leicht wie es ist, mit einer größeren Anzahl des weiblichen Geschlechtes zu verkehren, so schwer ist der Umgang mit einer Einzelnen. Die Gy-ei genießen gleiche Rechte wie die Männer, wofür auch auf der Erde gewisse Philosophen kämpfen.

In ihrer Kindheit verrichten sie dieselbe Arbeit wie die Knaben, ja, in den Jahren, die der Vernichtung durchaus schädlicher Tiere gewidmet sind, werden die Mädchen meistens vorgezogen, weil sie von Natur unter dem Einflusse der Furcht und des Hasses grausamer und unbarmherziger sind. In der Zeit zwischen den Kinderjahren und dem heiratsfähigen Alter hört jeder vertraute Verkehr zwischen den Geschlechtern auf. Sobald sie das bestimmte Alter erreicht haben, wird derselbe wieder erneuert und führt nie zu schlimmeren Folgen, als sie eine Ehe begleiten. Jede Kunst und jeder Beruf, der dem einen Geschlechte offen ist, steht auch dem andern frei. Die Gy-ei selbst maßen sich eine Überlegenheit in allen jenen verborgenen und geheimnisvollen Vernunftschlüssen an, wofür, wie sie sagen, der weniger rege Geist der Ana, sowie deren Gewandheit bei körperlichen Beschäftigungen nicht passen. Sie gleichen darin den jungen Damen unserer eigenen Welt, die sich in subtilen Punkten religiöser Erfahrung für Autoritäten halten, da wenig Männer bei ihrer weltlichen Beschäftigung hierin genügende Kenntnisse und gute Intuitionen haben.

Die Gy-ei sind infolge der frühzeitigen gymnastischen Übungen oder infolge ihrer ursprünglichen Organisation den Ana gewöhnlich an Körperkräften überlegen – ein wichtiger Punkt bei Betrachtung und Aufrechterhaltung der Frauenrechte. Sie sind größer von Wuchs und ihre abgerundeteren Formen bergen kräftigere Sehnen und Muskeln als die des männlichen Geschlechtes. Ja, sie behaupten, daß sie nach den urprünglichen Gesetzen der Natur bestimmt wären, die Männer an Körpergröße zu überragen. Sie halten dieses Dogma aufrecht, indem sie sich auf die ersten Lehren über das Leben der Insekten und der ältesten Gattung der Vertebrata, wie zum Beispiel der Fische, stützen, bei denen die Weibchen meistens groß genug sind, um ihre Genossen nach Belieben verspeisen zu können. Vor allem haben die Gy-ei eine konzentriertere und tätigere Macht über das geheimnisvolle Fluidum, das das Mittel zur Vernichtung enthält, und einen mehr zur Verstellung geneigten Scharfsinn. Daher konnten sie sich nicht nur gegen jeden Angriff der Männer schützen, sie vermochten sogar dem Dasein eines lästigen Gatten in jedem Augenblicke ein Ende zu machen, wenn er sich dessen am wenigsten versah.

Den Gy-ei zum Lobe muß bemerkt werden, daß seit mehreren Menschenaltern kein Fall eines solchen Mißbrauches dieser furchtbaren Überlegenheit vorgekommen ist. Der letzte derartige Fall scheint in der Gemeinde, von der ich spreche, ihren Chroniken nach, vor ungefähr zweitausend Jahren vorgekommen zu sein. Damals erschlug eine Gy in einem Anfall von Eifersucht ihren Gatten. Diese furchtbare Tat flößte den Männern ein solches Entsetzen ein, daß sie allesamt auswanderten und die Gy-ei sich selbst überließen. Die Geschichte sagt, daß die verlassenen Gy-ei, zur Verzweiflung getrieben, die Mörderin im Schlafe, als sie unbewaffnet war, überfielen, sie töteten und dann einander feierlich gelobten, ihrer Übermacht in der Ehe zu entsagen und ihren Töchtern dieselbe Verbindlichkeit für ewig einschärfen zu wollen. Eine Deputation wurde mit diesem versöhnlichen Vorsatze an die flüchtigen Gatten abgesandt. Viele ließen sich zur Rückkehr bewegen. Allerdings waren es meist nur die alten. Die jüngeren wiesen jedes Entgegenkommen zurück; entweder aus Zweifel an ihren Gattinnen oder wegen einer zu hohen Meinung ihrer eigenen Verdienste. Sie blieben in anderen Gemeinden und verbanden sich hier mit anderen Frauen, mit denen sie wohl kaum glücklicher lebten. Aber der Verlust so vieler junger Männer war eine heilbringende Warnung für die Gy-ei und befestigte sie in dem frommen Vorsatze, den sie gefaßt hatten.

Dadurch daß sie von ihrer Macht keinen Gebrauch mehr machen, ist es gekommen, daß man jetzt allgemein annimmt, die Gy-ei haben die Überlegenheit im Angriffe wie in der Verteidigung, die sie einst über die Ana besaßen, verloren. Man nimmt an daß, wie bei geringeren Tieren auf der Erde, viele Eigentümlichkeiten ihrer ursprünglichen Bildung, die die Natur ihnen zu ihrem Schutze verliehen hatte, nach und nach verschwinden oder in Untätigkeit geraten, wenn sie nicht bei besonderen Umständen notwendig werden. Es täte mir jedoch ein jeder An leid, der sich mit einer Gy messen würde, wer von ihnen der Stärkere sei.

Seit jenem Vorfalle wurden verschiedene Gebräuche in der Ehe geändert, so daß den Männern Vorteil daraus erwuchs. Jetzt binden sie sich bei einer Ehe nur auf drei Jahre; nach Ablauf des dritten Jahres steht es jedem Teil frei, sich von dem andern zu trennen und sich wieder zu verheiraten. Nach zehn Jahren hat der An das Recht, sich eine zweite Gattin zu nehmen und der ersten zu erlauben, sich auf ihren Wunsch zurückzuziehen. Diese Regeln sind für die meisten tote Worte. Ehescheidungen und Vielweiberei sind außerordentlich selten und die Ehen unter diesem wunderlichen Volke anscheinend ungewöhnlich glücklich und heiter. Die Gy-ei sind trotz ihrer großen Überlegenheit an körperlicher Kraft und geistiger Geschicklichkeit aus Furcht vor Trennung oder einer zweiten Frau immer artig und zuvorkommend, und die Ana sind große Gewohnheitsmenschen und außer bei ganz dringendem Anlasse nicht geneigt, bekannte Gesichter und Gewohnheiten auf gut Glück mit neuen zu vertauschen. Ein Privilegium wahren sich die Gy-ei sorgfältig. Es ist möglich, daß das Verlangen danach der geheime Beweggrund ist, der die meisten unserer Damen für die Frauenrechte stimmen läßt. Sie haben das Vorrecht, das sich auf der Oberwelt die Männer angemaßt haben, ihre Liebe zu erklären und um den Mann zu werben, mit anderen Worten, der werbende Teil zu sein. Das Phänomen einer alten Jungfer gibt es unter den Gy-ei nicht. Es geschieht sogar nur sehr selten, daß eine Gy nicht den zum Gatten erhält, den ihr Herz erwählt, wenn er nicht anderwärts gefesselt ist. So spröde, zurückhaltend und vorsichtig der Mann, dem sie den Hof macht, anfangs auch sein mag, so sicher ist es, daß sie ihn durch ihre Ausdauer, ihre Liebe, ihre überzeugende Macht schließlich dahin bringt, daß er seinen Nacken dem „verhängnisvollen Joche“ beugt. Die Beweise die für die Beziehungen der beiden Geschlechter sprechen, die denen, die die blinde Tyrannei des Mannes auf der Oberfläche der Erde geschaffen hat, gerade entgegengesetzt sind, erscheinen überzeugend und sind mit einer Freimütigkeit geführt, die wohl einer unparteiischen Betrachtung wert wäre. Man sagt, daß die Frau von Natur ein viel zärtlicheres Gemüt habe als der Mann, daß die Liebe ihre Gedanken viel mehr beschäftige und viel notwendiger zu ihrem Glücke sei und daß sie deshalb der werbende Teil sein müsse; daß andererseits der Mann ein schüchternes, schwankendes Geschöpf sei, daß er oft eine besondere Vorliebe für den ledigen Stand habe, oft vorgebe, zärtliche Blicke und feine Winke mißzuverstehen, kurz, daß er hartnäckig verfolgt und gefesselt werden müsse. Ja, sie behaupten, daß, wenn die Gy nicht den Mann ihrer Wahl zum Gatten erhält, sondern einen, den sie sich selbst nie gewählt hätte, sie nicht nur weniger glücklich, sondern auch weniger gut sei, da dann die Eigenschaften ihres Herzens sich nicht genügend entwickeln. Der An konzentriert seine Neigungen weniger beständig auf einen Gegenstand. Wenn er nicht die Gy zur Ehe haben kann, die er den andern vorzieht, tröstet er sich leicht mit einer anderen. Wenn eine Gy ihn liebt und sich um ihn bemüht, ist es weniger notwendig zu seinem Glücke daß er ebenso innig wieder liebe, als er geliebt wird, weil er befriedigt ist, wenn er seine Bequemlichkeiten hat und seinen Gedanken ungestört folgen kann.

Was auch hierüber gesagt werden kann, diese Einrichtung begünstigt den Mann. Hat er die Gewißheit, daß er wahr und innig geliebt wird, und daß, je spröder und zurückhaltender er sich zeigt, der Entschluß, sich seiner zu versichern, um so fester wird, so geht er gewöhnlich darauf aus, seine Einwilligung von Bedingungen abhängig zu machen, die ihm, seiner Meinung nach, wenn nicht ein segensreiches, so doch ein friedliches Leben sichern. Jeder An hat sein Steckenpferd, seine eigenen Wege, seine eigenen Neigungen, und wie sie auch sein mögen, er fordert das Versprechen, daß er ihnen völlig und ungehindert willfahren kann. Das verspricht die Gy bereitwillig; und da dieses außergewöhnliche Volk Verehrer unbedingter Wahrheit ist, und selbst die flatterhafteste Gy ihr einmal gegebenes Wort niemals bricht, so werden die einmal festgesetzten Bedingungen heilig gehalten. Die Gy-ei sind in der Tat, ungeachtet ihrer abstrakten Macht und ihrer Rechte, die liebenswürdigsten, versöhnlichsten und ergebensten Gattinnen, wie ich sie selbst im glücklichsten Heime der Oberwelt nie gesehen habe. Es herrscht der Lehrsatz unter ihnen: „Wo eine Gy liebt, ist es ihr Vergnügen zu gehorchen". Man wird bemerkt haben, daß ich bei den gegenseitigen Beziehungen der beiden Geschlechter nur von der Ehe gesprochen habe; denn die moralische Vollkommenheit, zu der sich diese Gemeinde emporgeschwungen hat, macht eine unerlaubte Verbindung so unmöglich, wie bei einem Hänflingspaare zur Zeit der Brut.

Elftes Kapitel

Nichts hatte mich mehr verwirrt, als ich den Gedanken an ein Dasein von Regionen im Inneren der Erde zu fassen suchte, die von Wesen bewohnt sind, deren Organismus den Bewohnern der Oberwelt verwandt ist, als der Widerspruch zur Lehre, die wohl die meisten Geologen und Philosophen vertreten, nämlich daß, obgleich bei uns die Sonne der Urquell der Wärme ist, letztere doch zunimmt, je tiefer wir in das Innere der Erde gelangen, und zwar von fünfzig Fuß unter der Erdoberfläche an um einen Grad mit jedem Fuße.

Aber obgleich die höher gelegenen Besitzungen des betreffenden Stammes der Erdoberfläche verhältnismäßig so nahe waren, daß ich die Temperatur dem organischen Leben angemessen schätzte, so war es doch in den Tälern und Schluchten dieses Reiches weniger heiß, als es die Philosophen bei einer solchen Tiefe für möglich halten würden – es war nicht heißer als im südlichen Frankreich oder höchstens in Italien. Es wurde mir erzählt, daß noch unermeßlich tiefer im Inneren der Erde, in Gegenden, wo unserer Meinung nach nur noch Salamander existieren könnten, unzählige Völker mit derselben Organisation wie die unsere wohnten. Ich kann mir nicht anmaßen, den Grund für eine Tatsache anzugeben, die so in Widerspruch mit den Gesetzen der Wissenschaften steht, auch Zee vermochte mir zu keiner Erklärung zu verhelfen. Sie glaubte nur, daß unsere Philosophen das Innere der Erde nicht für genügend porös hielten. Daß sie die Größe ihrer Höhlen und Unregelmäßigkeiten, die freien Luftzug und heftige Winde erzeugten, und die verschiedenen Weisen, die Wärme auszuströmen und zu entfernen, nicht hinreichend erkannt hätten. Sie gab jedoch zu, daß in einer gewissen Tiefe die Wärme für ein organisches Leben, wie es der Vril-ya bekannt war, unerträglich sei, obgleich ihre Philosophen glaubten, daß man sogar selbst an jenen Orten geistige und empfindende Wesen finden würde, wenn man imstande wäre, so weit vorzudringen. „Seien Sie versichert, daß der ALLGÜTIGE keines seiner Gebäude unbevölkert läßt. Leere Wohnungen liebt ER nicht." Sie fügte jedoch hinzu, daß die Temperatur und das Klima an vielen Orten durch Vril-ya eine große Umänderung erlitten habe und daß sich bei derartigen Wechseln die Wirkung des Vril als sehr erfolgreich .erwiesen habe. Sie beschrieb ein zartes lebenerweckendes Mittel, Lai genannt, das, wie ich glaube, gleichbedeutend sei mit Dr. Lewins' ätherischem Oxygen, in dem alle die einander verwandten, in dem Namen Vril vereinigten Kräfte arbeiten, und behauptete, daß wenn dieses Mittel genügend in Anwendung gebracht würde, um den verschiedenen Kräften des Vril freien Spielraum zu lassen, eine den höchsten lebenden Wesen zusagende Temperatur erhalten werden könnte. Sie sagte weiter, daß ihre Naturkundigen glaubten, die Blumen und die ganze Vegetation, die ursprünglich entweder aus Samen entsprossen sei, der bei den ersten Erschütterungen der Natur von der Erdoberfläche herabgetrieben worden war, oder die durch die Stämme, die zuerst ihre Zuflucht in diese höhlenartigen Schluchten genommen hatten, mit hierher gebracht worden war, seien durch das Licht, das fortwährend auf ihnen geruht hatte, und durch das allmähliche Vorwärtsschreiten der Kultur so wunderbar entfaltet worden. Sie sagte auch, daß, seit das Vril-Licht alle anderen lichterzeugenden Körper überflüssig gemacht hatte, die Farbe der Blätter und Blumen viel prächtiger, und das Wachstum der Vegetation viel üppiger geworden sei.

Ich überlasse es denen, die maßgebender sind als ich, sich weiteren Betrachtungen darüber hinzugeben und widme einige Seiten den sehr interessanten Fragen über die Sprache der Vril-ya.

Zwölftes Kapitel

Die Sprache der Vril-ya ist besonders interessant, weil sie, wie mir scheint, mit großer Klarheit die Spuren der drei Hauptübergänge, die die Sprache durchschreiten muß, um sich in der Form zu vervollkommnen, darlegt.

Einer der berühmtesten Philologen, Max Müller, stellt bei der Beweisführung einer Ähnlichkeit zwischen der Schicht der Sprache und der Lage der Erde das entschiedene Dogma auf: „Die Sprache kann unter keiner Bedingung flektierend sein, ohne vorher die agglutinierende Schicht durchlaufen zu haben. Keine Sprache ist agglutinierend, wenn sie nicht in der zu Grunde liegenden Schicht der Isolierung Wurzel faßt.“ („Über die Schichtung der Sprache“. S. 20.)

Wenn man die chinesische Sprache, den besten bestehenden Typus der ursprünglichen isolierenden Schicht, ins Auge faßt „als das treue Abbild eines Menschen, der am Gängelbande die Muskeln seines Geistes übend, seinen Weg tappt und so beglückt über die ersten erfolgreichen Griffe ist, daß er sie immer und immer wiederholt“ , so haben wir in der Sprache der Vril-ya, deren Wurzeln noch an der zu Grunde liegenden Schicht hängen, die Beweise ursprünglicher Isolierung. Die einsilbigen Worte, die sie im Überflusse hat, sind die Grundlage der Sprache. Der Übergang in die agglutinierende Form bezeichnet eine Epoche, die Menschenalter hindurch gewährt haben muß und deren schriftliche Literatur nur in einigen Fragmenten symbolischer Mythologie und gewissen kräftigen Sentenzen, die zu volkstümlichen Sprichwörtern geworden sind, besteht. Mit der vorhandenen Literatur der Vril-ya beginnt die flektierende Schicht. Ohne Zweifel müssen zu jener Zeit Ursachen tätig gewesen sein, die mit dem Verschmelzen verschiedener Rassen durch irgend ein herrschendes Volk und dem Auftauchen irgend eines großartigen literarischen Phänomenes zusammenwirkten, durch das die Sprache eine feste und bestimmte Form angenommen hat. Da das flektierende Stadium dem agglutinierenden überlegen war, ist es überraschend zu sehen, um wie viel kühner die ursprünglichen Wurzeln der Sprache über die Oberfläche, die sie verbirgt, hervorragen. In den alten Sprichwörtern und Fragmenten des vorhergehenden Stadiums verschwinden die einsilbigen Worte, die jene Wurzeln bilden, zwischen Worten von kolossaler Länge, die ganze Sätze in sich fassen, von denen keins vom andern getrennt und allein benutzt werden kann. Aber als die flektierende Sprachform so weit vorgeschritten war, daß sie ihre Schüler und Lehrbücher hatte, scheinen sie sich verbunden zu haben, um alle vielsilbigen und zusammengesetzten Ungeheuer als gierige Angreifer ursprünglicher Formen auszurotten. Worte von mehr als drei Silben wurden als barbarisch zurückgewiesen, und je mehr die Sprache sich vereinfachte, um so mehr gewann sie an Kraft, Würde und Anmut. Obgleich sie im Tone jetzt sehr gedämpft ist, gewinnt sie doch gerade dadurch an Klarheit.

Durch einen einzigen Buchstaben vermögen sie, je nach seiner Stellung, alles das auszudrücken, was bei den zivilisierten Nationen unserer Oberwelt zuweilen Silben, zuweilen auch ganze Sätze erfordert. Man gestatte mir, ein paar Beispiele anzuführen. ***An,*** das ich mit Mensch übersetzen will; ***Ana*** Menschen. Der Buchstabe ***a*** schließt immer, je nach seiner Stellung, die Menge in sich. ***Sana*** bedeutet Menschengeschlecht, ***Ana*** – eine Menge Menschen. Das Vorsetzen gewisser Buchstaben ihres Alphabetes bezeichnet immer zusammengesetzte Begriffe. Zum Beispiel: ***Gl*** (bei ihnen ein einfacher Buchstabe, wie das ***th*** bei den Griechen) zu Anfang eines Wortes fügt ihm den Begriff einer Versammlung oder Vereinigung bei, wie: ***Oon***, ein Haus; ***Gloon***, eine Stadt (d. i. eine Versammlung von Häusern). ***Ata*** heißt Sorge; ***Glata*** eine allgemeine Trübsal. ***Aur-an*** ist die Gesundheit oder das Wohlergehen eines Menschen; ***Glauran,*** das Wohlergehen des Staats, der Gemeinde. Ein Wort, das sie beständig auf den Lippen haben, ist ***A-glauran***) es bezeichnet ihren politischen Glauben, nämlich daß das erste Prinzip einer Gemeinde das Beste von allem ist. ***Aub*** heißt

Erfindung; ***Sita*** ist ein Ton in der Musik; ***Glaubsila***, das Wort, das Gedanken der Erfindung und musikalische Intonation in sich vereint, ist der klassische Ausdruck für Poesie – in der gewöhnlichen Umgangssprache abgekürzt: ***Glaubs.*** ***Na,*** bei ihnen wie ***Gl*** nur ein einfacher Buchstabe, bedeutet als Anfangsbuchstabe immer etwas dem Leben, der Freude oder der Bequemlichkeit Feindseliges. ***Nax*** ist Dunkelheit, ***Narl*** – Tod, ***Naria*** – Sünde oder Böses, ***Nas*** – die tiefste Stufe von Sünde und Bösem – Verderben. Beim Schreiben halten sie es für unehrerbietig, den „Höchsten" zu nennen; sie bezeichnen Ihn durch eine Hieroglyphe in Form einer Pyramide, Λ. Im Gebete rufen sie Ihn mit einem Namen an, der ihnen zu heilig ist, um ihn einem Fremden anzuvertrauen. Ich kenne ihn nicht. In der Umgangssprache benutzen sie gewöhnlich einen umschreibenden Titel, wie z. B.: der ALLGÜTIGE. Der Buchstabe ***V,*** das Symbol einer umgekehrten Pyramide, bezeichnet als Anfangsbuchstabe fast immer Hoheit oder Macht; wie z. B. ***Vril,*** worüber ich schon so viel gesprochen habe; ***Veed***– ein unsterblicher Geist; ***Veedya*** – Unsterblichkeit. ***Koom*** (wie das Welsche ***Cwm*** ausgesprochen) bedeutet immer etwas Hohles. ***Koom*** selbst ist eine tiefe Höhle; ***Koom-in*** – ein Loch; ***Zi-koom*** – ein Tal; ***Koom-zi*** – eine Leere; ***Bodh-koom*** – Unwissenheit, wörtlich: Wissen-Leere; ***Koom-Pohs*** ist bei ihnen die Bezeichnung einer Regierung von Vielen oder das Emporkommen des Unwissendsten und Hohlsten. ***Pohs*** ist kaum zu übersetzen; es drückt, wie der Leser später sehen wird, Verachtung aus. Aber wenn die Unwissenheit der Demokratie oder ***Koom-Pohs*** in jene wilde Leidenschaft ausartet, die dem Ruine des Volkes vorausgeht, wie, um Beispiele aus der Oberwelt anzuführen während der Schreckenszeit in Frankreich oder während der fünfzig Jahre dauernden römischen Republik, die der Thronbesteigung des Augustus voranging, bezeichnen sie sie mit dem Namen ***Glek-Nas.*** ***Ek*** ist Streben; ***Glek*** – allgemeines Streben. ***Nas*** ist, wie ich bereits erwähnte, Verderben; ***Glek-Nas*** – das allgemeine verderbliche Streben. Sehr bezeichnend sind ihre zusammengesetzten Worte. So bedeutet zum Beispiel ***Bodh*** – Kenntnisse und ***Too*** bezeichnet das vorsichtige Sichnähern; ***Too-bodh*** ist ihr Wort für Philosophie. ***Pah*** ist ein Ausruf der Verachtung, ***Pah-bodh*** der Ausdruck für falsche Philosophie, der bei einer Art metaphysischer Vernunftschlüsse gebraucht wurde, die früher modern waren und darin bestanden, daß Fragen aufgeworfen wurden, die keiner Antwort wert waren; wie zum Beispiel: Warum hat der Mensch gerade fünf, warum nicht vier oder sechs Zehen an den Füßen? Hatte der erste Mensch, den der ALLGÜTIGE schuf, ebensoviel Zehen wie seine Nachkommen? Wird die Gestalt, in der ein Mensch von seinen Freunden nach dem Tode wiedererkannt wird, überhaupt noch Zehen haben, und wenn sie welche hat, werden sie körperlich oder geistig sein? Ich entnehme diese Beispiele dem ***Pah-bodh*** nicht aus Scherz oder Ironie, sondern weil die letzten Förderer dieser „Wissenschaft" sich vor viertausend Jahren über diese Frage stritten.

Die Hauptwörter wurden, wie ich hörte, früher in acht Fällen dekliniert (einer mehr als im Sanskrit); nach und nach wurden sie reduziert und dafür die erklärenden Präpositionen vervielfältigt. In dem jetzigen Lehrbuche, das mir zu meinen Studien übergeben wurde, haben die Hauptwörter vier Fälle, von denen drei verschiedene Endungen, der vierte eine abweichende Vorsilbe hat.

Einzahl			Mehrzahl		
Nom.	***An***	der Mensch	Nom.	***Ana***	die Menschen
Dat.	***Ano***	dem Menschen	Dat.	***Anoi***	den Menschen
Acc.	***Anan***	den Menschen	Acc.	***Ananda***	die Menschen
Voc.	***Hil-An***	o Mensch	Voc.	***Hil-Ananda***	o Menschen

Der zweite Fall, der Genitiv, ist längst veraltet, er wird vom Dativ ersetzt. Sie sagen statt: das Haus eines Mannes, das Haus einem Manne. Wenn der Genitiv doch einmal (wie zum Beispiel in der Poesie) angewandt wird, hat er dieselbe Endung wie der Nominativ. Ebenso ist der Ablativ. Die Präposition, die ihn bezeichnet, besteht je nachdem als Vor- oder Endsilbe. Man wird bemerkt haben, daß die Vorsilbe ***Hil*** den Vokativ-Fall bezeichnet. Sie wird immer bei der Anrede gebraucht, außer in dem vertrautesten Verkehre, ihre Weglassung würde man als unmanierlich betrachten, gerade wie man es in unserer alten Sprachweise bei der Anrede eines Königs für unehrerbietig halten würde, zu sagen: „König“. Erst „O König“ drückt den vollen Respekt aus. Da sie keine Ehrentitel haben, tritt die bittweise Anrede an ihre Stelle und wird unparteiisch einem Jeden zugestanden. Die Vorsilbe ***Hil*** verbindet sich mit dem Worte, wo es eine Entfernung umfaßt, wie ***Hil-ya,*** reisen.

In der Conjugation der Zeitwörter – ein zu umfangreicher Gegenstand, um hier näher darauf einzugehen – verrichtet das Hülfszeitwort ***Ya*** – gehen, das im Sanskrit eine so große Rolle spielt, ein verbindendes Amt, als ob es die Radikale einer Sprache wäre, von der beide Worte stammen. Aber ein anderes Hülfszeitwort von entgegengesetzter Bedeutung begleitet es und teilt seine Arbeit, nämlich ***Zi*** – stehen oder ruhen. So bezeichnet ***Ya*** die Zukunft und ***Zi*** die Vergangenheit aller Verben, die eines Hülfszeitwortes bedürfen. ***Yam*** – ich gehe; ***Yiam*** – ich will gehen; ***Yani-ya*** – ich werde gehen (wörtlich: ich gehe zu gehen); ***Zampoo-yan*** – ich bin gegangen. ***Ya*** als Endung bedeutet Übereinstimmung, Fortschritt, Bewegung. ***Zi*** als Endsilbe bezeichnet: Festigkeit, zuweilen in gutem, zuweilen in bösem Sinne, je nach dem Worte mit dem es verbunden ist. ***Iva-zi*** – ewige Güte; ***Nanzi*** – ewiges Übel. ***Poo*** (von) ist eine Vorsilbe, die Widerwillen oder etwas Unangenehmes bezeichnet. ***Poo-pra*** – Abscheu; ***Poo-naria*** Falschheit; ***Poos*** oder ***Posh*** ist, wie ich bereits erwähnte, unübersetzbar. Es ist ein Ausdruck der Verachtung mit einer leichten Beimischung von Mitleid. Diese Radikale scheint von der Tätigkeit der Lippen und dem Gefühle, das diese verursacht, herzurühren, da ***Poo*** eine Sprachweise ist, in der der Atem mehr oder minder heftig über die Lippen gleitet.

Auf der anderen Seite ist ***Z*** als Anfangsbuchstabe bei diesem Volke ein Laut, bei dem der Atem nach innen gezogen wird, weshalb ***Zu*** (in ihrer Sprache ein Buchstabe) als Vorsilbe etwas Anziehendes, Angenehmes, Gemütergreifendes ausdrückt; wie ***Zummer*** – Liebhaber; ***Zutze*** –

Liebe; ***Zuzulia*** – Entzücken. Dieser nach innen gezogene Laut des ***Z*** scheint in der Tat schon an und für sich Zärtlichkeit auszudrücken.

Ich muß noch eine Eigentümlichkeit dieser Sprache erwähnen, die der Form Kraft und Kürze verleiht.

A ist bei ihnen wie bei uns der erste Buchstabe des Alphabetes und wird oft als Vorsilbe benutzt, um einem Worte den Begriff der Unumschränktheit und Oberherrschaft beizufügen. Z. B. ***Iva*** ist Güte; ***Diva*** ist Güte und Glück zugleich; ***A-Diva*** ist untrügliche und entschiedene Wahrheit. Den Wert des ***A*** in ***A-glauran*** habe ich schon bemerkt, ebenso verhält es sich bei ***Vril,*** von dessen Eigenschaften sie ihren jetzigen Standpunkt der Zivilisation herleiten; ***A-vril*** bezeichnet die Zivilisation selbst.

Die Philologen werden hieraus ersehen haben, wie die Sprache der Vril-ya der indogermanischen nahe verwandt ist; aber, wie alle Sprachen, enthält auch sie Formen und Worte, die, aus anderen Sprachen übertragen, ursprünglich eine jenen ganz entgegengesetzte Bedeutung haben. So versteht man unter ***Tur*** (ein Titel, den sie ihrem obersten Magistrat geben) in einer der turanischen verwandten Sprache Diebstahl. Sie selbst sagen, daß es ein fremdes Wort sei. Wie ihre geschichtlichen Rückblicke zeigen, ist es einem Titel entnommen, den der Häuptling einer Nation gehabt hat, mit der die Vorfahren der Vril-ya in längst vergangenen Zeiten auf freundschaftlichem Fuße gestanden hatten, die aber nun schon längt erloschen war. Sie sagen, daß, als sie nach der Entdeckung des Vril ihre politischen Einrichtungen umformten, sie absichtlich den Titel für ihren obersten Magistrat einer erloschenen Rasse und einer toten Sprache entnommen hätten, um bei diesem Amte alle Titel, die sie früher gehabt hatten, zu vermeiden.

Wenn meine Lebenszeit es mir erlaubt, so werde ich die Sprachkenntnisse, die ich während meines Aufenthaltes unter den Vril-ya erworben habe, in eine systematische Form bringen. Vielleicht reicht aber auch das schon darüber Gesagte hin, den Philologen zu beweisen, daß eine Sprache, die so viel Wurzeln in der ursprünglichen Form bewahrt, ihr augenblickliches, wenn auch vorübergehendes Stadium von so vielem Lästigen gereinigt und eine solche Vollkommenheit in der Einfachheit, verbunden mit so großem Umfange ihrer flektierenden Endformen erreicht hat, das allmähliche Werk unzähliger Jahrhunderte und vieler verschieden denkender Köpfe gewesen sein muß; daß sie sichtlich die Verschmelzung von Sprachen verwandter Geschlechter ist und, da sie das Stadium, von dem ich Beispiele gegeben habe, erreicht hatte, die fortwährende Verbesserungen eines geistig auf hoher Stufe stehenden Volkes notwendig machte. Daß die Literatur dieser Sprache trotzdem der Vergangenheit angehört, und daß der gegenwärtige glückliche Standpunkt der Ana, ein Vorwärtsschreiten in der Literatur, besonders in Dichtung und Geschichte verbietet, werde ich später Gelegenheit haben, zu zeigen.

Dreizehntes Kapitel

Dieses Volk hat eine Religion, die, was man auch dagegen einwenden mag, doch drei seltsame Eigenheiten hat. Erstens glauben sie alle fest an die Religion, zu der sie sich bekennen. Zweitens befolgen sie alle die Regeln, die ihr Glaube vorschreibt. Sie sind einig in der Verehrung eines göttlichen Schöpfers und Erhalters des Weltalles. Sie schreiben der alles durchdringenden Kraft des Vril die Eigenschaft zu, daß sie jeden Gedanken, den ein lebendes Wesen haben kann, dem Urquell des Lebens und Geistes überbringt. Sie bestreiten nicht, daß der Begriff einer Gottheit angeboren sei, sagen aber, daß, soweit ihre Naturbetrachtungen reichen, der An das einzige Geschöpf sei, dem die Fähigkeit verliehen sei, diesen Begriff mit allen Gedanken, die sich daran reihen, zu fassen. Sie sind der Meinung, daß diese Fähigkeit ein Vorrecht ist, das sie nicht umsonst erhalten haben. Daß Gebete und Danksagungen vom göttlichen Schöpfer angenommen werden und zur vollen Entwicklung des menschlichen Wesens notwendig sind. Sie verrichten ihre Gebete sowohl öffentlich wie im Geheimen. Da man mich nicht für einen der ihren ansah, war mir der Zutritt zu den Gebäuden oder Tempeln, in denen der öffentliche Gottesdienst stattfand, nicht gestattet. Wie man mir sagte, ist er sehr kurz und ohne alle Zeremonie. Eine Lehre der Vril-ya ist, daß des Menschen Geist sich besonders in der Öffentlichkeit nicht lange einer ernsten Ergebenheit oder vollständigen Absonderung von der wirklichen Welt hingeben kann, wenn sie segenbringend sein sollen, und daß alle Versuche dazu zu Fanatismus oder Scheinheiligkeit führen.

Sie sagen, es hätten in vergangenen Zeiten eine große Anzahl Bücher existiert, Betrachtungen über die Beschaffenheit der Gottheit und über die Form, in der ihr der Glaube und die Verehrung am angenehmsten sei. Aber man fand, daß das zu den heftigsten Streitigkeiten führte, die nicht nur den Frieden der Gemeinde erschütterten und Familien trennten, die vorher eng verbunden waren, sondern im Laufe der Erörterungen über die Eigenschaften der Gottheit ihr Dasein ganz abstritten oder, was noch schlimmer war, ihr menschliche Leidenschaften und Schwächen andichteten. „Denn“, sagte mein Wirt, „da ein sterbliches Wesen wie der Mensch die Unsterblichkeit nicht erklären kann, so führt er bei seinem Bemühen, sich einen Begriff von der Gottheit zu bilden, sie nur zum Menschen, wie er selbst einer ist, zurück“. Deshalb wurden theologische Betrachtungen in späterer Zeit zwar nicht verboten, aber so wenig unterstützt, daß man sie ganz fallen ließ.

Die Vril-ya sind darin einig, daß sie nach dem Tode glücklicher und vollkommener sein werden als hienieden. Von der Lehre über Lohn und Strafe haben sie wenig Begriff, wahrscheinlich weil sie, da es keine Verbrechen zu bestrafen gibt und ihre moralische Richtschnur der Art ist, daß im großen und ganzen ein An so tugendhaft ist wie der andere, selbst keine Regel für Lohn und Strafe haben. Ist einer vielleicht in einer Tugend besonders hervorragend, so ist es ein zweiter in einer anderen; hat der eine besondere Fehler oder Schwächen, so fehlen sie auch einem anderen nicht. Es gibt in der Tat bei der eigentümlichen Lebensweise dieses Volkes so selten Gelegenheit, Unrecht zu tun, daß sie gut sind, nur weil sie leben. Sie haben einen ziemlich phantastischen Begriff über die Fortdauer des Lebens im Jenseits, wie der Leser im nächsten Kapitel sehen wird.

Vierzehntes Kapitel

Obgleich, wie gesagt, die Vril-ya alle Betrachtungen über die Beschaffenheit des HÖCHSTEN wenig begünstigen, hoffen sie doch, die große Frage über das Dasein des Bösen, die der Philosophie der Oberwelt so viel Skrupel verursacht hat, lösen zu können. Sie sind der Meinung, daß, wo der ALLGÜTIGE einmal Leben verliehen hat, es nie wieder vernichtet werden könne, sei es auch noch so schwach, wie zum Beispiel in der Pflanze. Es geht in eine neue bessere Gestalt über, wenn auch nicht auf diesem Planeten (hierin weicht die Lehre von der gewöhnlichen Lehre über Wiederverkörperung ab). Das Wesen bleibt bestehen, sodaß sein vergangenes Leben in das zukünftige eingreift und es sich der allmählichen Vervollkommnung auf der Stufenleiter zum Glücke bewußt ist. Sie sagen, ohne diesen Aufstieg zur Vollkommenheit könnten sie, dem klaren menschlichen Verstände gemäß, der ihnen gegeben worden ist, niemals an die volle Gerechtigkeit glauben, die eine wesentliche Eigenschaft des ALLWEISEN und ALLGÜTIGEN sein muß. Ungerechtigkeit, sagen sie, kann nur von drei Ursachen herrühren: Mangel an Weisheit, zu durchschauen, was recht und unrecht ist; Mangel an Entgegenkommen für Wünsche, und Mangel an Macht, dieselben zu erfüllen, und alle diese drei Mängel sind unvereinbar mit dem ALLWEISEN, dem ALLGÜTIGEN und ALLMÄCHTIGEN. Aber da schon in diesem Leben die Weisheit, Güte und Macht des HÖCHSTEN so sichtbar sind, daß wir sie anerkennen müssen, so fordert die Gerechtigkeit, die notwendig aus diesen Eigenschaften hervorgeht, ein Fortleben, und zwar nicht nur für den Menschen, sondern für jedes lebende Wesen bis zur niedersten Klasse. Sowohl unter den Tieren wie unter den Pflanzen sehen wir einzelne, die aus unbekannten Ursachen im Vergleiche zu anderen ihrer Gattung besonders elend sind. Selbst eine Blume leidet zuweilen, sodaß sie vor der Zeit zugrunde geht, während sich ihre Nachbarin ihres Daseins freut und ein glückliches, schmerzenfreies Leben führt. Es ist eine irrige Annahme, daß der HÖCHSTE nur nach allgemeinen Regeln handle, wobei seine eigentlich in zweiter Reihe stehenden eigenen Interessen so mächtig sind, daß sie das Gute, was er erst geschaffen hat, wieder verderben.

Ein noch niederer Begriff von dem ALLGÜTIGEN ist der, allen Glauben an eine Gerechtigkeit gegen die Myriaden Formen, denen Er Leben gegeben hat, – verächtlich zu verwerfen und anzunehmen, daß Gerechtigkeit nur einem Erzeugnisse – dem An widerfahre. –

In den Augen des göttlichen Lebensspenders gibt es nichts Geringes und nichts Großes. Geben wir zu, daß nichts, was lebt und leidet, sei es noch so gering, zu Grunde geht, daß alle Leiden von dem Augenblicke des Entstehens bis zum Übergang in ein neues Leben, mit der Ewigkeit verglichen, kaum so lange dauern wie der Schrei eines Säuglings im Vergleiche zu einem Menschenalter; und nehmen wir an, daß dieses lebende Wesen nach seiner Umwandlung die Rückerinnerung behält (ohne dieselbe wäre es überhaupt kein Fortleben) obgleich die Erfüllung göttlicher Gerechtigkcit vor unseren Blicken verborgen ist, so sind wir doch zu der Annahme berechtigt, diese für beständig und allgemein, und nicht für veränderlich und parteiisch zu halten, wie das der Fall wäre, wenn sie nur nach allgemeinen untergeordneten Gesetzen handelte. Eine so strenge Gerechtigkeit muß notgedrungen einem alles umfassenden Wissen und Begreifen, einer vollkommenen Liebe zum Wollen und einer unbeschränkten Macht zur Ausführung entsprungen sein.

So phantastisch dieser Glaube der Vril-ya auch sein mag, neigt er doch in politischer Beziehung einem Regierungssysteme zu, das zwar verschiedene Stufen des Wohlstandes zuläßt, doch im Rang völlige Gleichheit, außerordentliche Milde in allen Beziehungen und allem Verkehre und Liebe für alle Geschöpfe erzeugt, deren Vernichtung nicht zum Wohlergehen der Gemeinde gefordert wird. Ihr Glaube, daß ein gequältes Insekt oder eine niedergetretene Blume entschädigt wird, erscheint zuweilen lächerlich, er ist aber unschädlich und man kann daraus den keineswegs unliebsamen Schluß ziehen, daß in das Innere der Erde, das nie von einem Sonnenstrahle erleuchtet wird, eine Überzeugung von der unerschütterlichen Güte des Schöpfers eingedrungen ist, ein fester Glaube, daß das ewige GESETZ keine parteiische Ungerechtigkeit zuläßt und daher an jedem Orte und zu jeder Stunde Einfluß auf ihre Handlungen habe. Ich werde später Gelegenheit haben, zu bemerken, wie die intellektuellen Eigenschaften und die Sozialsysteme dieses unter der Erde lebenden Geschlechtes eine große und anscheinend sich widersprechende Mannigfaltigkeit philosophischer Lehren und Betrachtungen enthalten, an denen von Zeit zu Zeit gezweifelt worden ist, die besprochen und fallen gelassen worden sind und die unter den Denkern und Phantasten der Oberwelt wieder auftauchten. So kann ich wohl diesen Bericht über den Glauben der Vril-ya an ein unvertilgbares empfindendes, selbstbewußtes Leben bei den niedersten Geschöpfen so gut wie bei den Menschen, mit einer darauf bezüglichen Stelle aus dem Werke des berühmten Zoologen Louis Agassiz schließen, das erst vor kurzem in meine Hände gelangte, viele Jahre nachdem ich die Erinnerungen an das Leben der Vril-ya in eine gewisse Form geordnet und niedergeschrieben hatte!

„Die Beziehungen der Tiere zueinander beweisen längst, daß kein organisiertes Wesen durch eine andere Kraft als durch die direkte Einmischung eines denkenden Geistes ins Leben gerufen werden kann. Das spricht sehr dafür, daß in jedem Tiere ein Funken geistigen Lebens wohnen muß, ähnlich wie im Menschen, der durch seine Vortrefflichkeit und großen Talente so hoch über dem Tiere steht. Dieser Funken ist ohne Zweifel da. Mag er nun Geist, Vernunft oder Instinkt genannt werden, er ruft in allen Klassen organisierter Wesen eine Reihe von Phänomenen hervor, die eng miteinander verbunden sind. Es basieren auf diesem geistigen Funken nicht allein die höheren Kundgebungen des Geistes, sondern auch die Fortdauer der spezifischen Unterschiede, die jeden Organismus charakterisieren. Die meisten Beweisführungen für die Unsterblichkeit des Menschen stützen sich auf die Fortdauer dieses Funkens in jedem anderen lebenden Wesen. Darf ich nicht hinzufügen, daß der Mensch einen beklagenswerten Verlust erleiden würde, wenn er in seinem zukünftigen Leben des großen Quelles der Freude und des geistigen und moralischen Fortschrittes, der der Betrachtung über die Harmonie einer organischen Welt entspringt, beraubt werden würde?

Und dürfen wir nicht (als höchste Auffassung des Paradieses) auf eine geistige Übereinstimmung der vereinigten Welten und all ihrer Bewohner in der Gegenwart unseres Schöpfers hoffen?“

„Versuch über Klassifizierung“, 17. Abschn., S. 97-99.

Fünfzehntes Kapitel

So freundlich sich auch die ganze Familie gegen mich zeigte, war doch die Tochter meines Wirtes am zuvorkommendsten und liebenswürdigsten. Auf ihren Wunsch legte ich die Kleider, in denen ich von der Oberwelt herabgekommen war, ab und kleidete mich wie die Vril-ya, nur ohne die kunstvollen Flügel, die ihnen, zu Fuß, als kleidsamer Mantel dienten. Da aber viele von ihnen bei einzelnen Beschäftigungen diese Flügel ablegten, verursachte das Nichttragen derselben keinen bedeutenden Unterschied zwischen mir und ihnen, und ich konnte die Stadt besuchen, ohne unliebsame Neugier zu erregen. Außer der Familie meines Wirtes ahnte niemand, daß ich von der Oberwelt gekommen war. Man meinte ich gehöre irgend einem niederen barbarischen Stamme an und weile als Gast bei Aph-Lin.

Die Stadt war im Verhältnis zu dem Terrain, das sie umgab und nicht größer war als die Besitzungen vieler englischer und ungarischer Edelleute, ziemlich umfangreich. Das Ganze war bis an die Felsen, die die Grenze bildeten, aufs schönste bebaut und gepflegt. Nur einige Berge und Weiden, waren zur Erhaltung unschädlicher gezähmter Tiere frei gelassen, ohne sie zu eigenem Nutzen zu verwenden. Die Güte der Vril-ya gegen diese geringen Geschöpfe geht so weit, daß die öffentliche Kasse eine gewisse Summe ausgesetzt hat, um sie in andere Vril-ya-Gemeinden – hauptsächlich in neuen Kolonien – zu versetzen, die gewillt sind sie aufzunehmen, wenn sie für die Weiden, die man ihnen in ihrem Geburtsorte überlassen hat, zu zahlreich werden. Sie vermehren sich jedoch verhältnismäßig nicht in dem Grade wie bei uns das Schlachtvieh. Es scheint ein Naturgesetz zu sein, daß die Tiere die dem Menschen keinen Nutzen bringen, nach und nach von den Gebieten, die derselbe inne hat, zurückweichen oder sogar aussterben. Es ist ein alter Brauch der verschiedenen Hauptstaaten, in die das Geschlecht der Vril-ya geteilt ist, daß zwischen jeder Gemeinde ein neutraler unbebauter Streifen Land gelassen wird. Zu der Zeit, von der ich spreche, war dieser Landstrich ein hoher Felsrücken, der zu Fuß nicht überschritten werden konnte. Mit Hilfe der Flügel oder Luftschiffe dieser Bevölkerung war er leicht zu passieren. Man hatte Wege zur Überfahrt von Fuhrwerken, die durch Vril getrieben wurden, gebahnt. Diese verbindenden Landstriche sind immer erleuchtet. Die Ausgaben werden aus einer besonderen Kasse bestritten, zu der alle Gemeinden der Vril-ya eine festgesetzte Steuer liefern. Durch diesen Landstrich wurde ein bedeutender Handel mit anderen nah- und ferngelegenen Staaten unterhalten. Der Hauptreichtum dieser Gemeinde besteht hauptsächlich in der Landwirtschaft. Auch tut sie sich durch geschickte Anfertigung der dazu gehörigen Geräte hervor. Diese Waren tauschen sie meist gegen Luxusartikel ein, für die sie oft hohe Preise zahlen, z. B. für Vögel, die darauf abgerichtet sind, gemeinschaftlich in kunstvollen Tönen zu pfeifen. Diese Vögel wurden von weither gebracht und zeichnen sich durch ihren Gesang und ihr wunderbar schönes Gefieder aus. Wie ich bemerkte, wählte man ihre Lehrer und Erzieher mit großer Sorgfalt. Diese Vogelart hatte sich in den letzten Jahren außerordentlich vervollkommnet. Außer einigen wunderlichen froschähnlichen Geschöpfen aus der Spezies der Batrachiten, aber von viel intelligenterem Aussehen, die die Kinder sehr liebten und in ihren Gärten hielten, sah ich keine Lieblingstiere in dieser Gemeinde. Tiere die an unsere Hunde und Pferde erinnern scheinen sie nicht zu haben, obgleich der studierte Naturkundige Zemir sagte, daß früher dergleichen Geschöpfe in ihrer Gegend existiert hätten und auch jetzt wohl in Regionen, die von anderen Geschlechtern als den Vril-ya bewohnt waren, noch gefunden würden. Man meinte, sie wären seit der Entdeckung des Vril, dessen Kräfte sie überflüssig gemacht hätten, nach und nach aus der zivilisierten Welt verschwunden. Durch Maschinen und Flügel war das Pferd als Lasttier entbehrlich geworden, und des Hundes bedurfte man nicht mehr wie früher zum Schutze oder zur Jagd, als die Vorfahren der Vril-ya noch die Anfeindungen von ihresgleichen fürchteten oder die geringen Tiere zur Nahrung schossen. Was das Pferd anbelangt, so war diese Gegend so felsig, daß es weder zum Vergnügen noch als Lasttier hätte von Nutzen sein können. Das einzige Geschöpf, das sie als Lasttier gebrauchte, war eine Art Ziege, die man in Landwirtschaften viel verwendete. Man könnte annehmen, daß die Natur des Erdbodens dieser Gegend zuerst zu der Idee geführt hatte Flügel und Luftschiffe zu erfinden. Die Größe des Raumes im Verhältnisse zu dem Gebiete, das die Stadt einnahm, führte zu der Sitte, jedes Haus mit einem Garten zu umgeben. Die breite Hauptstraße, in der Aph-Lin wohnte, führte auf einen großen Platz, auf dem das Collegium der Weisen und alle öffentlichen Gebäude standen. In der Mitte befand sich eine prächtige Fontaine mit einem leuchtenden Strahle, den ich Naphtha nennen will, da ich nicht weiß, was er in Wirklichkeit war. All diese öffentlichen Gebäude waren gleich massiv und solid gebaut. Sie erinnerten mich an die Architektürgemälde von Martin. Um jedes Stockwerk lief ein Balkon oder richtiger ein hängender Garten, von Säulen getragen, voll von blühenden Blumen und allerlei zahmen Vögeln. Von dem Platze liefen verschiedene Straßen aus, die alle breit und glänzend erleuchtet und auf beiden Seiten von hohen Felsen begrenzt waren. Bei meinen Ausflügen in die Stadt gestattete man mir nie allein zu gehen. Aph-Lin oder seine Tochter waren meine ständigen Begleiter. In dieser Gemeinde sah man die erwachsene Gy in so vertraulichem Verkehre mit jedem jungen An, als ob es keinen Geschlechtsunterschied gäbe.

Die Detailläden sind nicht sehr zahlreich. Kinder jedes Alters, die sehr verständig und höflich, aber ohne die geringste Zudringlichkeit sind, bedienen die Käufer. Der Ladenbesitzer, wenn wirklich sichtbar, ist anscheinend selten mit irgend etwas, das mit seinem Geschäfte in Verbindung steht, beschäftigt, und doch hat er diesen Beruf aus eigenem Antriebe und ganz unabhängig von seinen Existenzmitteln erwählt.

Einige der reichsten Bürger aus der Gemeinde hielten derartige Läden. Wie schon erwähnt, herrscht kein Rangunterschied, daher stehen alle Beschäftigungen auf derselben sozialen Stufe. Ein An, von dem ich meine Sandalen kaufte, war ein Bruder des Tur, des Hauptes im Magistrate;

obgleich sein Laden nicht größer war als der eines Schuhmachers in Bondstreet oder Broadway, hielt man ihn doch für doppelt so reich wie den Tur, der in einem Palaste wohnte. Natürlich hatte er noch seinen Landsitz.

Die Ana der Gemeinde sind nach den geschäftigen Jahren ihrer Kindheit im Ganzen ein indolentes Volk. Ob es nun ihre Natur oder ob es Folge ihrer philosophischen Betrachtungen ist, jedenfalls halten sie Ruhe für die Hauptannehmlichkeit des Lebens. In der Tat, wenn man dem Menschen den Reiz zur Tätigkeit, den er in der Begierde oder dem Ehrgeiz findet, nimmt, wundert es mich nicht, wenn er untätig bleibt.

Für gewöhnlich ziehen sie es vor, ihre Füße statt der Flügel zu benutzen. Diese gebrauchen sie zu ihren Vergnügungen oder öffentlichen Spaziergängen – wenn man mir diesen kühnen Mißbrauch des Ausdruckes gestattet – zu Lufttänzen, die ich beschrieben habe, und zum Besuche ihrer Besitzungen auf dem Lande, die meist auf hohen Felsen gelegen sind. Solange sie jung sind, ziehen sie bei Reisen in die anderen Regionen der Ana die Flügel den Fahrgelegenheiten vor.

Die, die an das Fliegen gewöhnt sind, können, wenn auch nicht ganz so schnell als einzelne Vögel, so doch in der Stunde fünfundzwanzig bis dreißig Meilen weit fliegen. Dieses Tempo können sie fünf bis sechs Stunden lang einhalten. Aber gewöhnlich lieben die Ana, wenn sie das mittlere Alter erreicht haben, diese rasche Bewegung nicht mehr. Aus diesem Grunde halten sie vielleicht an der Lehre fest, der unsere eigenen Ärzte ohne Zweifel beistimmen würden, nämlich: eine regelmäßige Transpiration durch die Poren der Haut ist notwendig zur Erhaltung der Gesundheit. Sie benutzen gewöhnlich Schwitzbäder, die wir römisch-irische nennen würden, und nehmen danach Duschen von wohlriechenden Wassern.

Regelmäßig, wenn auch selten, ungefähr viermal im Jahre, nehmen sie ein vrilhaltiges Bad.

Sie sind der Meinung, daß dieses Fluidum, mäßig gebraucht, sehr zur Erhaltung des Lebens beiträgt. Bei normalem Gesundheitszustande im

Übermaße angewendet, wirkt es entgegengesetzt und entkräftet. Fast bei allen Krankheiten nehmen sie jedoch zu ihm, als dem Hauptbeistande der Natur, ihre Zuflucht.

Sie sind in ihrer Art das luxuriöseste aller Völker, aber ihr Luxus ist unschuldiger Natur. Man kann sagen, daß sie in einer Atmosphäre voll Duft und Melodie leben. Jedes Zimmer hat seine mechanischen Vorrichtungen für melodische Klänge, die gewöhnlich so gedämpft sind, daß sie dem Geflüster unsichtbarer Geister gleichen. Dieses Volk ist zu sehr an diese sanften Töne gewöhnt, als daß sie sie in der Unterhaltung oder während des Alleinseins beim Denken stören könnten. Aber sie bilden sich ein, daß das Einatmen einer fortwährend mit Musik und Wohlgeruch erfüllten Luft einen beruhigenden und erhebenden Einfluß auf die Bildung des Charakters und den Gedankengang haben muß. Obwohl sie sehr mäßig sind, vom Tiere nur die Milch genießen und sich jedes berauschenden Getränkes enthalten, sind sie doch im Essen und Trinken im höchsten Grade wählerisch. Bei ihren Vergnügungen trägt selbst der Älteste eine kindliche Heiterkeit zur Schau. Glückseligkeit ist das Ziel, nach dem sie streben, nicht als momentane Anregung, sondern als erste Bedingung des Daseins; und ihr außerordentlich liebenswürdiges Benehmen beweist, wie ein jeder auch das Glück des anderen im Auge hat.

Ihre Schädelbildung ist ganz abweichend von jedem bekannten Stamme der Oberwelt. Ich nehme jedoch an, daß sie sich durch unzählige Zeitalter aus dem brachycephalischen Typus des Steinalters (in Lyell's „Elementen der Geologie“, Kapitel X, Seite 113) entwickelt haben. Im Vergleich zu dem dolichocephalischen Typus aus dem Anfange des Eisenalters, der dem jetzt unter uns so vorherrschenden, dem sogenannten celtischen Typus entspricht. Der Schädel hat verhältnismäßig dieselbe massive Stirn (nicht hervorstehend wie der celtische), dieselbe regelmäßige Rundung in den Stirnorganen, in der Mitte ist er viel höher und die hintere Schädelhälfte, wo sich nach Aussage der Phrenologen die animalischen Organe befinden, ist viel weniger ausgebildet. Ein Phrenologe würde sagen: bei der gewöhnlichen Schädelbildung der Vril-ya sind die Organe des

Gewichtes, der Zahl, des Tones, der Form, der wirkenden Ursache stark ausgebildet, das der Wirklichkeit viel hervortretender als das der Vorstellung. Die sogenannten moralischen Organe, wie die der Gewissenhaftigkeit und des Wohlwollens, sind auffallend vollkommen; die der Leidenschaft und Kampflust sehr klein, das der Anhänglichkeit groß; das Organ der Zerstörung, das heißt entschiedenes Beiseiteschaffen aller dazwischentretenden Hindernisse, kolossal, aber doch nicht so groß wie das des Wohlwollens; ihre Liebe trägt mehr den Charakter des Mitleides und der Sorgfalt für Dinge, die der Hülfe oder des Schutzes bedürfen, als der animalischen Kindesliebe. Nie habe ich eine mißgeformte Person unter ihnen gesehen. Die Schönheit ihrer Gesichter liegt nicht allein in der Regelmäßigkeit ihrer Züge, sondern auch in einer Weichheit des Antlitzes, das bis zum spätesten Alter ohne Furche und Runzel bleibt und eine heitere Anmut ausdrückt, mit jener Hoheit verbunden, die dem Bewußtsein von Macht und dem Freisein von jeder Furcht, sowohl der physischen wie der moralischen, entspringt. Jene unendliche mit Hoheit verbundene Anmut war es, die mir, der ich daran gewöhnt war, mit menschlichen Leidenschaften zu kämpfen, ein Gefühl der Demütigung, der Ehrerbietung, der Furcht einflößte. Es ist der Ausdruck, wie ihn ein Maler einem Halbgotte, einem Genius, einem Engel geben würde. Die Männer der Vril-ya sind völlig bartlos; bei den Gy-ei zeigt sich im hohen Alter ein Schnurrbart.

Die Entdeckung überraschte mich, daß nicht alle dieselbe Hautfarbe hatten wie die, mit denen ich zuerst in Berührung gekommen war. Einzelne waren viel heller, hatten blaue Augen und goldig-tiefbraunes Haar, während ihr Teint eine wärmere, schönere Färbung hatte als der der Bewohner des nördlichen Europa.

Wie man mir sagte, rührte diese Farbenverschiedenheit von Mischehen mit anderen entfernteren Stämmen der Vril-ya her, die, ob nun durch den Unterschied im Klima oder der früheren Abstammung, von schönerer Gesichtsfarbe waren als die Stämme, zu denen diese Gemeinde zählte. Die ältesten Familien der Ana hatten dunkelrote Hautfarbe; aber sie waren nicht stolz auf diese Urahnen; im Gegenteil sahen sie darauf, daß ihre jetzige Schönheit durch häufige Mischung mit anderen, zwar abweichenden, doch verwandten Gattungen erhalten blieb. Auf die Nationen, deren Gebräuche und Einrichtungen nicht mit denen der Vril-ya übereinstimmten, und die man nicht für befähigt hielt, sich der Kraft des Vril zu bemächtigen, die zu erreichen es Menschenalter erfordert, blicken sie mit der Verachtung, die Bürger New-Yorks für die Neger empfinden.

Von Zee, die in allen Wissenschaften mehr Kenntnisse besaß als irgend einer der Männer, mit denen ich in nähere Berührung kam, erfuhr ich, daß man die Überlegenheit der Vril-ya aus den früheren heftigen Kämpfen gegen die Hindernisse herleite, die die Natur ihnen in den Räumlichkeiten, in denen sie sich zuerst niedergelassen hatten, in den Weg stellte. „Überall, wo dieser erste Prozeß in der Geschichte der Zivilisation vor sich geht", moralisierte Zee, „dieser Prozeß, der das Leben zu einem Kampfe macht, in dem der Mensch all seine Kraft zusammennehmen muß, um nicht hinter seinen Kameraden zurückzubleiben, finden wir ohne Ausnahme folgendes Resultat: da bei dem allgemeinen Streben nach Vervollkommnung eine große Anzahl untergehen muß, wählt sich die Natur zur Erhaltung nur die kräftigsten Exemplare aus. Daher blieben unserem Geschlechte, noch vor der Entdeckung des Vril, nur die höchsten Organismen erhalten. In unseren alten Büchern ist eine Legende, an die einst allgemein geglaubt wurde und die sagt, daß unser Stamm aus einer Region vertrieben worden sei, (anscheinend jene Welt, aus der sie kommen) um sich zu vervollkommnen. Durch die heftigen Kämpfe, die unsere Urahnen zu bestehen hatten, sollte eine reine Ausscheidung erreicht werden, und nach Vollendung unserer Erziehung sollten wir dazu bestimmt sein, in die Oberwelt zurückzukehren um alle die dort lebenden niederen Rassen zu verdrängen."

Aph-Lin und Zee sprachen oft mit mir über die politischen und sozialen Verhältnisse in der Oberwelt, aus der, wie Zee so philosophisch annahm, die Bewohner früher oder später durch die Vril-ya verdrängt werden würden. Bei meinen Erzählungen, bei denen ich ohne soweit von der

Wahrheit abzuweichen, daß meine schlauen Zuhörer es hätten durchschauen können, mein Möglichstes tat, unsere Macht sowie uns selbst im besten Lichte darzustellen, fanden sie immer Gelegenheit Vergleiche zwischen unseren zivilisiertesten Völkern und den niederen unterirdischen Geschlechtern zu ziehen, die, wie sie meinten, dem Barbarismus hoffnungslos verfallen seien und einem langsamen, aber sichern Aussterben entgegengingen. Aber beide stimmten in dem Wunsche überein, ihre Gemeinden vor einem verfrühten Einblicke in die von der Sonne beleuchteten Regionen zu bewahren. Beide waren menschlich und schraken vor dem Gedanken zurück, so viele Millionen Geschöpfe zu vernichten, und die prächtig gefärbten Bilder, die ich von unserem Leben entwarf, betrübten sie. Vergebens rühmte ich unsere großen Männer – Dichter, Philosophen, Redner, Feldherren – und forderte die Vril-ya heraus, mir ihre großen Männer zu nennen. „Ach", sagte Zee, und über ihr vornehmes Gesicht glitt der Ausdruck tiefsten Mitleides, „dieses Hervortun Weniger über Viele ist das sicherste, traurigste Zeichen eines unverbesserlichen barbarischen Geschlechtes. Sehen Sie nicht daß die erste Bedingung des Glückes in dem Erlöschen der Kämpfe und Wettstreite zwischen Individuen besteht, bei denen Viele Wenigen untergeordnet sind, (gleichviel unter welcher Regierungsform). Eine wirkliche Freiheit eines Einzelnen, der Staat mag noch so frei genannt werden, ist so nicht möglich. Die Ruhe des Daseins, ohne die weder geistiges noch körperliches Glück möglich ist, kann so nie erreicht werden. Unsere Ansicht ist, daß, je mehr wir unser Leben den erhabensten Vorstellungen anpassen, die wir uns von der Existenz der Geister im Jenseits machen können, und je mehr wir uns schon hier der himmlischen Glückseligkeit nähern, um so leichter wird uns der Übergang ins Jenseits werden. Alles, was wir uns von dem Leben der gesegneten Unsterblichen vorstellen können, berechtigt uns zu dem Glauben, daß es dort keine selbstverursachten Sorgen und Leidenschaften, die zu Streitigkeiten führen, wie Ehr- und Geldgeiz, gibt. Es scheint uns, als ob es ein Leben der heiteren Ruhe sein müsse, nicht ohne Beschäftigung der intellektuellen und spirituellen Kräfte. Die Beschäftigungen, welcher Art sie auch sein mögen, sind den Neigungen jedes Einzelnen angepaßt und ohne allen Zwang. Es muß ein Leben sein, durch den unbeschränkten Austausch edler Sympathien erheitert, in dem die moralische Atmosphäre Haß und Rache, Zank und Eifersucht völlig tötet. Das ist das Ziel das alle Stämme und Gattungen der Vril-ya zu erreichen streben und der politische Standpunkt, der die Regierung als Ziel im Auge hat. Sie sehen, wie ein solches Vorschreiten ganz entgegengesetzt ist zu dem der unzivilisierten Nationen, von denen Sie kommen und die nach einer systematischen Fortdauer der Mühen, Sorgen und streitenden Leidenschaften, die bei ihrem stürmischen Fortschreiten immer heftiger werden, trachten. Das mächtigste aller Geschlechter unserer Welt außerhalb des Bezirkes der Vril-ya hält sich für die am besten regierte aller politischen Gesellschaften und glaubt in dieser Beziehung das höchste Ziel erreicht zu haben, das politische Weisheit erreichen kann, sodaß die anderen Nationen ihr folgen und sie mehr oder weniger nachahmen sollten, statt auf der größten Basis den Koom-Posh zu errichten, das heißt: die Regierung der Unwissenden, nach dem Prinzipe, daß es die Zahlreichsten sind. Sie hat ihr größtes Glück darin gesucht, daß ein Jeder mit dem Anderen in allen Dingen wetteifert. Einer sucht immer den andern in Macht, Reichtum oder irgend etwas der Art zu übertreffen; wie furchtbar ist es, bei diesem Wettstreite den Tadel, die Schmähungen und Beschimpfungen zu hören, mit denen selbst die Besten und Mildesten ihre Mitmenschen ohne Scham oder Gewissensbisse überhäufen!“

„Vor einigen Jahren“, sagte Aph-Lin, „besuchte ich dieses Volk. Sein Elend und seine Herabwürdigung waren um so erschreckender, als es sich seines Glückes und seiner Größe, mit seinen übrigen Nationen verglichen, immer rühmte. Und es ist keine Hoffnung, daß dieses Volk sich, wie man es wohl von den Ihren annehmen kann, verbessern wird, da es nur einer Verschlimmerung dieser Zustände entgegen strebt. Sie hoffen, ihren Besitztum zu vergrößern. Das ist ein direkter Widerspruch zu der Wahrheit, daß es bei Überschreitung einer sehr engen Grenze unmöglich ist, einer Gemeinde das Glück einer gutgeordneten Familie zu erhalten. Je mehr ein System, durch das einige Wenige sich über Millionen von

Schwachen emporgeschwungen haben, bei ihnen zur Reife kommt, um so mehr frohlocken und rufen sie: Seht durch welche große Ausnahmen der allgemeinen Niedrigkeit unserer Nation wir die herrlichen Resultate unseres Systemes beweisen!"

„In der Tat" meinte Zee, „wenn die Weisheit das menschliche Leben der zufriedenen Gleichheit der Unsterblichen nahe bringen könnte, dann könnte kein direktes Entweichen nach der entgegengesetzten Richtung, kein System, das nach der höchsten Ungleichheit und Unruhe unter den Sterblichen trachtet, möglich sein. Auch können bei diesem Systeme, ganz abgesehen vom religiösen Glauben, die Freuden der Unsterblichen, die alle nach ihrem Tode erwarten, nicht geschätzt werden. Gemüter, die daran gewöhnt sind, ihr Glück an Dinge zu hängen, die weit entfernt von allem Göttlichen sind, würden das Glück der Götter sehr düster finden und sich nach einer Welt zurücksehnen, in der sie miteinander streiten konnten."

Sechzehntes Kapitel

Ich habe so viel von dem Vrilstabe gesprochen, daß meine Leser gewiß eine nähere Beschreibung erwarten. Eine sehr ausführliche vermag ich nicht zu geben, da man mir nie erlaubte, den Stab anzufassen, aus Furcht, daß mein Unvermögen, ihn zu benutzen, irgend einen schrecklichen Zufall herbeiführen könnte. Er ist hohl und hat an dem Griffe mehrere Klappen oder Federn, durch die man seine Kraft ändern, mildern oder leiten kann, sodaß er durch das eine Verfahren vernichten, durch ein anderes heilen kann, durch eines Felsen sprengt, durch ein anderes Dämpfe zerstreut. Durch eines wirkt er auf den Körper, durch ein anderes kann er einen gewissen Einfluß auf den Geist ausüben. Für gewöhnlich hat er die Größe eines Spazierstockes, aber er hat Schieber, durch die man ihn nach Belieben verlängern oder verkürzen kann. Wenn er zu besonderen Zwecken benutzt wird, bleibt der obere Teil in der Handfläche ruhen, während Zeige- und Mittelfinger die verschiedenen Federn dirigieren. Man versicherte mir jedoch, daß seine Kraft nicht immer dieselbe sei, sondern sich vielmehr danach richte, ob sein Besitzer sehr zum Vril geneigt sei und in welchen Beziehungen er zu den auszuführenden Absichten stehe. Einzelne Vril-Stäbe besaßen große Zerstörungskraft. Andere heilten u. s. w., viel hing auch von der ruhigen und festen Willenskraft des Ausführenden ab. Sie versichern, daß volle Gewalt über den Vril nur durch einen von Vorfahren ererbten Organismus erlangt werden könne, und daß ein vierjähriges Mädchen aus dem Geschlechte der Vril-ya Taten mit diesem Stabe, den es zum ersten Male in der Hand hat, ausführen kann, deren der stärkste und geschickteste Mechaniker, der außerhalb des Bezirkes der Vril-ya geboren ist, nicht fähig wäre zu vollbringen und wenn er sein ganzes Leben diesem Studium gewidmet hätte. Nicht alle diese Stäbe sind gleich kompliziert. Die die man den Kindern anvertraut, sind weit einfacher, als die die von Weisen beiderlei Geschlechts getragen werden, und sind mit Rücksicht auf die besondere Beschäftigung, der sich die Kinder widmen, konstruiert. Die Beschäftigung ist, wie ich bereits erwähnte, bei den kleinsten Kindern die verheerendste. In den Stäben der Frauen und Mütter ist die zerstörende Kraft gewöhnlich gar nicht vorhanden, die heilende dafür doppelt stark. Ich wünschte, ich könnte mehr über die Einzelheiten dieses seltsamen Leiters des Vril-Fluidums sagen, aber seine Maschinerie ist ebenso kompliziert als die Wirkung wunderbar ist.

Ich muß noch sagen, daß dieses Volk eine Art Röhre erfunden hat, durch die das Vril-Fluidum auf eine unglaubliche Entfernung, zum mindesten fünf- bis sechshundert Meilen, auf den zu vernichtenden Gegenstand geleitet werden kann. Ihre mathematischen Kenntnisse sind so genau, daß, nach dem Berichte einiger Beobachter, von einem Luftschiffe aus, ein jedes Mitglied des Vril-Departements, ohne sich zu irren, die Natur dazwischentretender Hindernisse, die Höhe, zu der das Instrument aufgerichtet werden soll, die Stärke, mit der es zu belasten ist, schätzen kann, um eine Stadt doppelt so groß wie London, in einem Zeitraume, der zu kurz ist, als daß ich es wagen dürfte ihn zu nennen, in Asche zu verwandeln.

Oh, diese Ana sind unbedingt vortreffliche Mechaniker, wunderbar in der Auffindung und Anwendung von Kräften zu praktischem Nutzen.

Ich durchschritt mit meinem Wirte und seiner Tochter Zee das große öffentliche Museum, in einem Flügel des Collegiums der Weisen. Dasselbe enthält sowohl wunderliche Proben sinnloser und fehlerhafter Experimente aus alten Zeiten (viele Erfindungen, auf die wir stolz sind) als auch neue Ausführungen. In der einen Abteilung liegen, als veraltetes Gerümpel beiseite geworfen, Rohre, um mit Metallkugeln und zündbarem Pulver Leben zu vernichten, ganz nach dem Prinzipe unserer Kanonen und Geschütze, ja, noch mörderischer als unsere letzten Verbesserungen.

Mein Wirt sprach hierüber mit einem so verächtlichen Lächeln, wie unsere Artillerieoffiziere von den Bogen und Pfeilen der Chinesen. Eine andere Abteilung enthielt Modelle von Fuhrwerken und Schiffen, die durch Dampf in Bewegung gesetzt wurden, und von einem Ballon, der von Montgolfier hätte konstruiert sein können. „Das“, sagte Zee mit der Miene weisen Nachdenkens, „das waren die schwachen Versuche mit Naturkräften umzugehen, die unsere rohen Vorfahren machten, bevor sie nur einen entfernten Begriff von den Eigenschaften des Vril hatten!“

Diese junge Gy gab ein herrliches Zeugnis von der Muskelkraft der Frauen dieses Landes. Ihr Antlitz war schön, wie das aller ihrer Rasse. Nie habe ich in der Oberwelt ein so vornehmes und fehlerfreies Gesicht gesehen; aber die ernsten Studien, denen sie sich widmete, hatten ihrem Gesichte einen so nachdenklichen Ausdruck gegeben, daß es, wenn ruhig, fast ein wenig zu ernst war, und dieser Ernst wurde erschreckend, wenn man ihn mit ihren breiten Schultern und ihrer großen Gestalt in Verbindung brachte. Selbst für eine Gy war sie groß; und ich habe gesehen, wie sie mit der Leichtigkeit, mit der ich eine Taschenpistole aufnehme, eine Kanone in die Höhe hob. Zee flößte mir große Furcht ein, eine Furcht, die sich noch vergrößerte, als wir in dem Museum in eine Abteilung gelangten, die Modelle von Maschinen enthielt, die durch die Kraft des Vril geleitet wurden. Hier setzte sie nur durch ein bestimmtes Spiel mit ihrem Vrilstabe, während sie selbst entfernt stand, große gewichtige Körper in Bewegung. Es schien, als ob sie ihnen Verstand einflößte, daß sie ihre Befehle verstanden und ihnen Folge leisteten. Sie brachte große Maschinenteile in Gang, hemmte ihre Bewegung und setzte sie wieder fort, bis in einer unglaublich kurzen Zeit verschiedene Arten Rohmaterial als symmetrische, vollkommene und vollständige Kunstwerke zum Vorschein kamen. Alle die Wirkungen, die Mesmerismus oder Elektro-Biologie auf die Muskeln und Nerven lebender Wesen auszuüben vermag, brachte die junge Gy durch die Bewegung ihres feinen Stabes auch bei den Rädern und Triebfedern lebloser Maschinen hervor.

Ich äußerte meinen Begleitern gegenüber mein Erstaunen über den Einfluß auf tote Gegenstände und gab zu, daß ich in unserer Welt Zeuge von Erscheinungen gewesen sei, die bewiesen, daß gewisse lebende Organismen über gewisse andere lebende Organismen einen wahren Einfluß auszuüben vermögen, der aber oft durch Leichtgläubigkeit oder Kunstfertigkeit überschätzt wird. Zee, die sich für dergleichen mehr interessierte, als ihr Vater, hieß mich meine Hand ausstrecken; sie selbst hielt die ihre dicht daneben und machte mich auf gewisse Unterschiede im Typus und Charakter derselben aufmerksam. Erstens war der Daumen der Gy (und wie ich später bemerkte, der ganzen Rasse, sowohl der Männer wie der Frauen) viel größer, sowohl länger als stärker, als man ihn bei uns auf der Erde sieht. Es ist zwischen diesen beiden fast ein so großer Unterschied wie zwischen dem Daumen des Menschen und dem des Gorilla. Zweitens ist die Handfläche verhältnismäßig viel stärker als unsere, die Haut bedeutend feiner und weicher und der durchschnittliche Wärmegrad ein höherer. Bemerkenswerter als alles das ist ein unter der Haut sichtbarer Nerv, der vom Handgelenke aus dem Ballen des Daumens entlang läuft und sich an den Wurzeln des Zeige- und Mittelfingers in verschiedene gabelförmige Teile teilt. „Bei Ihrer Daumenbildung“, philosophierte die junge Gy, „und ohne den Nerv, den Sie in den Händen unserer Geschlechter mehr oder weniger ausgebildet finden, können Sie immer nur eine unvollkommene und schwache Macht über die Kraft des Vril ausüben. Weder unsere frühesten Vorfahren noch die wilderen Stämme außerhalb des Bezirkes der Vril-ya hatten diesen Nerv in der

Hand. Derselbe hat sich erst im Laufe vieler Generationen entwickelt. Bei den ersten Versuchen die Vrilkraft zu gebrauchen, ist er entstanden und hat sich bei der fortwährenden Übung derselben mehr und mehr ausgebildet.

Es ist leicht möglich, daß sich nach ein- bis zweitausend Jahren auch bei den höheren Geschöpfen Ihrer Geschlechter, die sich der höchsten Wissenschaft widmen, durch die man Gewalt über alle feineren, vom Vril durchdrungenen Naturkräfte bekommt, ein solcher Nerv zeigt. Aber wie können Sie von der Materie als von etwas Trägem, Bewegungslosem sprechen! Unmöglich können Ihre Eltern und Lehrer Sie darüber in Unwissenheit gelassen haben, daß keine Materie, in welcher Gestalt sie sich auch zeigt, bewegungslos und träge ist. Das kleinste Teilchen ist beständig in Bewegung und wird durch Kräfte, von denen Hitze die sichtbarste und schnellste, Vril aber die feinste und, wenn geschickt geleitet, die mächtigste ist, in fortwährender Tätigkeit erhalten. Der Vril-Strom, von meiner Hand gelenkt und von meinem Willen geführt, verdoppelt die Tätigkeit der Atome eines jeden Stoffes, er erscheine noch so träge und untätig. Wenn ein Haufen Metall nicht selbst die Fähigkeit zu einem Gedanken besitzt, so erhält er doch von dem geistig wirkenden Mittel durch seine innere Empfänglichkeit für Bewegung die Kraft, einen Gedanken in sich aufzunehmen. Er ist, wenn mit genügender Vrilkraft geleitet, ebenso zum Gehorsam gezwungen, als ob er eine sichtbare körperliche Kraft wäre. Er ist durch die Seele, die ihm derart eingeflößt wurde, so tätig, daß man sagen könnte, er lebt und denkt. Ohne diese Kraft könnten unsere Automaten nicht Dienerstelle vertreten."

Diese Beschreibungen und Lehren der jungen Gy flößten mir zu viel Ehrfurcht ein, als daß ich gewagt hätte, mit ihr zu disputieren. In meinen Knabenjahren hatte ich irgendwo gelesen, daß ein weiser Mann, als er einst mit einem römischen Kaiser im Streite war, plötzlich seine Hörner einzog; und als der Kaiser ihn fragte, ob er seinerseits nichts weiter über den strittigen Punkt zu sagen habe, erwiderte: „Nein, Cäsar, mit einem Denker, der über fünfundzwanzig Legionen zu gebieten hat, disputiert man nicht".

Obgleich ich im Stillen der festen Überzeugung war, daß Faraday beweisen könnte, ein wie schwacher Philosoph Zee war, was die Ausdehnung und Wirkung des Vril anbetrifft, trotz seiner mächtigen Wirkung auf die Materie, bezweifelte ich doch nicht, daß Zee allen Mitgliedern der Royal-Society, einem nach dem anderen, mit einem Faustschlage den Kopf zerschmettern konnte. Jeder vernünftige Mensch weiß, daß es nutzlos ist, mit gewöhnlichen Frauen über Gegenstände, die er versteht, zu streiten; aber mit einer sieben Fuß großen Gy über die Geheimnisse des Vril zu disputieren, wäre ebenso vergebens, wie sich in einer Wüste dem Samum zu widersetzen. Unter den verschiedenen Departements, zu denen das große Gebäude des Collegs der Weisen gehörte, interessierte mich am meisten das, das der Archäologie der Vril-ya gewidmet war und eine große Sammlung alter Portraits enthielt. Die Farben und Grundlagen derselben waren so dauerhafter Art, daß selbst die Bilder, die aus der Zeit der frühesten Annalen der Chinesen herrühren sollten, in der Farbe noch völlig frisch erhalten waren. Bei der Besichtigung dieser Sammlung fiel mir Zweierlei besonders auf: erstens, daß die Bilder, die sechs- bis siebentausend Jahre alt sein sollten, künstlerisch viel wertvoller waren, als die aus den letzten drei- bis viertausend Jahren; und zweitens, daß die Portraits der früheren Periode viel mehr dem europäischen Typus unserer Oberwelt glichen. Ja, einige erinnerten mich an die italienischen Köpfe Tizians, aus denen List und Ehrgeiz, Kummer und Sorge sprechen, deren Furchen zeigen, wie die Leidenschaften mit eisernem Pfluge darüber hinweggeschritten sind. Das waren die Gesichtszüge von Männern, die in Kampf und Streit gelebt hatten, bevor die Entdeckung der verborgenen Kräfte des Vril den gesellschaftlichen Charakter umgeformt hatte, Männer, die, gleich uns in der Oberwelt, um der Macht und um des Ruhmes willen miteinander gestritten hatten.

Ungefähr tausend Jahre nach der Vril-Umwälzung wechselte der Typus der Gesichtszüge ziemlich auffallend. Er wurde mit jeder Generation heiterer; und in dieser Heiterkeit stachen die Gesichter der arbeitenden und sündigen Menschen mehr hervor. Da sich zugleich auch die

Schönheit und Vornehmheit der Züge mehr entwickelte, wurde die Kunst der Malerei matter und einförmiger.

Aber die größte Eigentümlichkeit dieser Sammlung waren drei Portraits, die der vorgeschichtlichen Zeit angehörten und nach der sagenhaften Tradition auf Befehl eines Philosophen ausgeführt worden waren, dessen Herkunft und Eigenschaften in ein ebenso geheimnisvolles Dunkel gehüllt waren, wie die eines indischen Budhi oder eines griechischen Prometheus.

Von dieser mysteriösen Person, Weiser und Held zugleich, behaupten alle Hauptstämme der Vril-ya ihren gemeinsamen Ursprung zu haben.

Die Portraits stellen den Philosophen selbst, seinen Groß- und Urgroßvater dar. Alle drei in Lebensgröße. Der Philosoph ist in eine lange Tunika gekleidet, die ein loses Gewand, wie eine schuppige Rüstung, zu bilden scheint, vielleicht irgend einem Fische entlehnt. Füße und Hände sind frei. Er hat einen kurzen Hals und eine niedrige, zurücktretende Stirne, keineswegs das Ideal eines Weisen, lebhafte, braune, hervorstehende Augen, einen sehr großen Mund, starke Backenknochen und einen dunklen Teint. Wie die Tradition lautet, hat dieser Philosoph ein patriarchalisches Alter erreicht. Das Portrait seines Großvaters hat er noch zu dessen Lebzeiten malen lassen, das seines Urgroßvaters ist nach der Mumie gemalt. Das Bild des ersteren trägt den Ausdruck und die Züge des Philosophen, nur in allem übertrieben; er ist unbekleidet und sein Körper von seltsamer Farbe; die Brust gelb, Schultern und Beine dunkelbronzefarbig. Der Urgroßvater war ein Prachtexemplar der batrachianischen Gattung, ein Riesenfrosch.

Unter den markigen Sprüchen, die der Tradition gemäß, der Philosoph in rhythmischer Form und gedankenreicher Kürze der Nachwelt hinterließ, ist dieser besonders hervorzuheben:

„Demütigt Euch, meine Nachkommen, der Vater Eures Geschlechtes war ein Twat (Kaulquappe); erhöht Euch selbst, meine Nachkommen, denn derselbe göttliche Gedanke, der Euren Vater erschuf, offenbart sich, indem er Euch erhöht“.

Diese Fabel erzählte mir Aph-Lin, während ich die drei batrachianischen Portraits betrachtete. Ich erwiderte: „Sie spotten über meine vermeintliche Unwissenheit und Leichtgläubigkeit als ungebildeter Tish; aber obgleich diese entsetzlichen Pfuschereien ein hohes Alter haben mögen und vielleicht eine grobe Karikatur vorstellen sollten, so meine ich doch, daß keiner ihres Geschlechtes, selbst in den am wenigsten erleuchteten Zeitaltern, jemals glaubte, daß der Urgroßenkel eines Frosches ein geistreicher Philosoph sein kann, oder daß irgend eine Sekte, ich will nicht sagen: der hohen Vril-ya, aus der untersten Klasse des menschlichen Geschlechtes ihren Ursprung in einer Kaulquappe hatte."

„Verzeihung", entgegnete Aph-Lin, „in der Kampf- und Drangperiode, wie wir sie nennen, die vor ungefähr siebentausend Jahren ihren Höhepunkt hatte, lebte ein sehr berühmter Naturforscher, der zur Befriedigung zahlreicher Schüler den Beweis analogischer und anatomischer Übereinstimmungen im Bau zwischen dem An und dem Frosche lieferte, um zu zeigen, daß sich einer aus dem anderen entwickelt haben muß. Sie hatten mehrere gemeinsame Krankheiten. Beide litten an parasitischen Würmern in den Eingeweiden, und seltsam, der An hat in seinem Bau eine Schwimmblase, die zwar von keinem Nutzen mehr für ihn ist, aber doch eine Grundlage, die seine Abstammung vom Frosche klar beweist. Ebenso wenig läßt sich aus dem Unterschiede in der Größe irgend eine Schlußfolgerung gegen diese Theorie auffinden, denn noch jetzt gibt es in unserer Welt Frösche, die uns selbst an Größe und Gestalt nicht nachstehen, und vor vielen tausend Jahren scheinen sie noch größer gewesen zu sein."

„Das verstehe ich so", sagte ich, „daß einzelne kolossale Frösche, wie unsere Geologen sie vielleicht im Traume gesehen haben, vor der Sündflut vornehme Bewohner der Oberwelt waren, und diese Art Frösche scheinen es gewesen zu sein, die die Sümpfe und Bäche Ihrer unterirdischen Regionen geziert haben. Aber bitte, fahren Sie fort."

„In der Kampfperiode mochte ein Weiser behaupten, was er wollte, er wurde sicher von einem anderen Weisen widerlegt. Es war tatsächlich der

Grundsatz jener Zeit, daß des Menschen Geist nur durch fortwährenden Widerspruch rege erhalten werden konnte. Deshalb behauptete eine andere Sekte von Philosophen, daß der An nicht vom Frosche abstamme, sondern der Frosch sichtlich eine verbesserte Entwicklung des An sei. Im Allgemeinen war die Gestalt des Frosches symmetrischer als die des An. Außer den schön geformten unteren Gliedmaßen, den Hüften und Schultern, war die Mehrzahl der Ana fast mißgestaltet, sicher aber häßlich. Außerdem kann der Frosch sowohl auf dem Lande wie im Wasser leben, ein großes Privilegium, das dem An versagt ist; daher beweist das Nichtbenutzen seiner Schwimmblase klar seine Abstammung von einer entwickelteren Gattung. Weiter scheinen die früheren Geschlechter der Ana behaart gewesen zu sein, und selbst vor verhältnismäßig noch kurzer Zeit wurden die Gesichter unserer Vorfahren von Haarbüscheln entstellt, die sich weit über Kinn und Wangen verbreiteten, ähnlich den Büscheln, mein armer Tish, auf Ihrem Antlitze. Aber durch unzählige Generationen ist es das eifrige Bestreben der höheren Stämme der Ana gewesen, jede Spur der Verbindung mit haarigen Vertebraten zu verwischen, und sie haben nach und nach diese herabwürdigende Haarpflanze ausgerottet. Die Gy-ei ziehen natürlich die Jugend und Schönheit glatter Gesichter vor. Welche Stufe der Frosch auf der Skala der Vertebraten einnimmt, ist dadurch bezeichnet, daß er überhaupt kein Haar, selbst nicht auf dem Kopfe hat. In dieser Beziehung ist er schon vollkommen geboren worden. Der Schönste der Ana hat ihn, trotz der Kultur unzähliger Jahrhunderte, darin noch nicht erreichen können. Es ist erwiesen, daß die wunderbare Verbindung und Feinheit im Nervensysteme und der Blutzirkulation eines Frosches ihn empfänglicher macht für Freude als uns unsere untergeordnetere oder wenigstens einfachere Körperbildung es gestattet. Eine genaue Prüfung der Hand eines Frosches, wenn ich mich dieses Ausdruckes bedienen darf, spricht für eine stärkere Empfänglichkeit für Liebe und soziales Leben im allgemeinen. So gesellig und liebevoll die Ana auch sind, die Frösche sind es noch mehr. Kurz, diese zwei Schulen stritten miteinander. Die eine behauptete, der An sei die Vervollkommnung des Frosches, die andere, der Frosch sei die höchste Entwicklung des An. Die Naturalisten und die Moralisten waren geteilter

Meinung, aber die Masse wandte sich der Schule zu, die dem Frosche den Vorzug gab. Man sagte, daß in moralischer Beziehung – das heißt nach den Regeln der Gesundheit und dem Wohlergehen sowohl des Einzelnen wie der ganzen Gemeinde – doch kein Zweifel an der großen Überlegenheit des Frosches obwalten könne. Immer gibt die Weltgeschichte Zeugnis von der allgemeinen Sittenlosigkeit des Menschengeschlechtes, von der vollständigen Nichtachtung der Gesetze, die sie sowohl für ihr eigenes als auch für das allgemeine Glück und Wohlergehen für notwendig anerkannten.

Aber die strengste Kritik des Froschgeschlechtes kann in ihren Sitten keine einzige Abirrung von dem moralischen, stillschweigend von ihnen anerkannten Gesetze entdecken. Und welchen Nutzen kann schließlich eine Zivilisation bringen, bei der untadelhaft moralisches Betragen nicht das Hauptziel und das Zeugnis ist, nach dem ihre Fortschritte beurteilt werden?

Endlich, behaupten die Anhänger dieser Theorie, daß das Froschgeschlecht in alten Zeiten eine vorgeschrittene Entwicklung des Menschengeschlechtes gewesen sei, aber daß es aus Gründen, die auf rationellen Vermutungen basieren, seine ursprüngliche Stellung auf der Stufenleiter der Natur nicht behauptet habe; während die Ana, obgleich von geringerer Organisation, weniger durch ihre Tugenden als durch ihre Laster, wie zum Beispiel List und Wildheit, allmählig die Übermacht erlangt hätten, ebenso wie unter dem Menschengeschlechte selbst einzelne gänzlich unkultivierte Stämme durch ähnliche Laster andere Stämme, die ihnen ursprünglich in geistiger Beziehung wie kulturell überlegen waren, ganz vernichtet oder ihnen alle Bedeutung genommen haben. Unglücklicherweise berührten sich diese Streitigkeiten mit den religiösen Meldungen jener Zeit. Da die menschliche Gesellschaft damals unter der Regierung des Koom-Posh, der unwissendsten Klasse, stand, nahm die Menge den Philosophen die Streitfragen ab. Die politischen Leiter sahen, daß dieser Froschstreit, von dem Volke in die Hand genommen, in wertvoller Weise ihren Ehrgeiz anstachelte. Nicht weniger als tausend Jahre hindurch herrschten Mord und Krieg. Während dieser

Periode wurden die Philosophen beider Parteien hingeschlachtet, und die Herrschaft des Koom-Posh kam glücklich durch das Auftauchen eines Geschlechtes, das seine Abstammung von der ursprünglichen Kaulquappe klar darlegte und die verschiedenen Nationen der Ana mit despotischen Regenten versah, zu einem Ende. Schließlich verschwanden auch diese, wenigstens aus unseren Gemeinden, als die Entdeckung des Vril zu ruhigen Einrichtungen führte, unter denen alle Geschlechter der Vril-ya blühen."

„Und gibt es jetzt keine Streitsüchtigen oder Philosophen die diesen Streit wieder aufnehmen? Oder stimmen sie alle darin überein, daß Ihr Geschlecht von der Kaulquappe abstammt?"

„Nein, dergleichen Streitigkeiten," sagte Zee mit stolzem Lächeln, „gehören den grauen Zeitaltern des Pah-bodh an und dienen jetzt nur Kindern zur Belustigung. Kann es, wenn wir die Elemente kennen, aus denen unser Körper zusammengesetzt ist, Elemente, die wir selbst in den niedrigsten Pflanzen wiederfinden, kann es da von irgend einer Bedeutung sein, ob der ALLWEISE diese Elemente mehr der einen oder der anderen Form entnimmt, um das zu schaffen was fähig ist sich eine Idee von Ihm und der geistigen Größe, der dieser Idee Leben gibt, zu bilden? Der An fing in Wirklichkeit erst da an ein An zu sein, als er diese Fähigkeit empfing und mit ihr das Bewußtsein, daß, so sehr sich seine Weisheit im Laufe unzähliger Jahrhunderte vervollkommnen mag, er nie die Elemente, die ihm zu Gebote stehen, in die Form einer Kaulquappe bringen kann."

„Du hast Recht, Zee", sagte Aph-Lin: „wir Sterblichen die wir so kurze Zeit leben, können uns mit der Versicherung, die uns unser Verstand gibt, genügen lassen, daß der An, gleichviel ob er von einer Kaulquappe stammt oder nicht, so wenig zu einer solchen wird, als wie die Einrichtungen der Vril-ya wieder in den morastigen Sumpfboden und die Streitigkeiten des Koom-Posh zurückfallen."

Siebzehntes Kapitel

Da den Vril-ya jeder Anblick der Himmelskörper versagt ist und sie keinen anderen Unterschied zwischen Tag und Nacht kennen, als den, den sie selbst machen, haben sie natürlich eine andere Zeiteinteilung als wir; aber ich konnte mit Hülfe meiner Uhr, die ich glücklicherweise bei mir hatte, sehr leicht ihre Zeit genau berechnen. Alle Einzelheiten über die Art derselben behalte ich mir für ein späteres Werk über Literatur und Wissenschaft der Vril-ya vor, wenn ich so lange lebe um es zu vollenden, und begnüge mich jetzt damit zu sagen, daß ihr Jahr in Bezug auf die Dauer nur wenig von dem unseren abweicht, aber daß die Einteilung ihres Jahres keineswegs dieselbe ist. Ihr Tag (was wir Nacht nennen, mitinbegriffen) besteht aus zwanzig Stunden unserer Zeit, anstatt aus vierundzwanzig. Ihr Jahr hat dadurch eine dem entsprechende Anzahl von Tagen mehr.

Die zwanzig Stunden ihres Tages teilen sie folgendermaßen: acht Stunden, genannt: die stillen Stunden, sind der Ruhe gewidmet; acht Stunden, genannt: die ernste Zeit, den verschiedenen Beschäftigungen ihres Berufes, und vier Stunden, die leichte Zeit, mit der sie ihren Tag gewissermaßen beschließen, sind der Erholung, der Unterhaltung, dem Scherze, den Festlichkeiten – je nach Geschmack und Neigung – gewidmet. Außerhalb der Häuser gibt es keine Nacht. Sowohl in den Straßen, wie in der Umgebung der Stadt bis an die Grenzen ihres Gebietes, herrscht immer dieselbe Helligkeit. Nur in den Häusern dämpfen sie sie während der stillen Stunden zu einem milden Dämmerlicht.

Sie hegen großen Widerwillen gegen völlige Dunkelheit und löschen ihre Lichter nie ganz aus. Bei festlichen Gelegenheiten bleibt zwar volle Helligkeit, aber doch beobachten sie durch mechanische Erfindungen, unseren Glocken und Uhren entsprechend, einen Unterschied zwischen Tag und Nacht. Für Musik sind sie sehr eingenommen, und durch Musik verkünden diese Chronometer die Hauptabteilungen ihrer Zeit. Die Töne, die zu jeder Stunde von allen Uhren ihrer öffentlichen Gebäude erschallen und sich mit denen vermischen, die aus den Häusern und Hütten dringen, die außerhalb der Stadt gelegen sind, haben eine seltsam sanfte und doch wunderbare feierliche Wirkung. Während der stillen Stunden sind diese Töne so gedämpft, daß nur ein waches Ohr sie vernehmen kann. Sie haben keinen Wechsel der Jahreszeiten, und es schien mir – wenigstens bei diesem Stamme – die Atmosphäre immer dieselbe zu sein, warm wie ein italienischer Sommer und mehr feucht als trocken. Des Vormittags ist die Luft gewöhnlich sehr ruhig, doch zuweilen kommen starke Winde von den Felsen, die die Grenze ihres Besitztumes bilden. Die Zeit zum Säen und Ernten ist bei ihnen dieselbe, wie auf den goldenen Inseln antiker Dichter. Man sieht zu gleicher Zeit jüngere Pflanzen keimen und blühen, während die älteren schon reif sind und Früchte tragen. Alle fruchtbringenden Pflanzen verdorren jedoch nach der Ernte, oder ihr Laub wechselt wenigstens die Farbe. Was mich beim Berechnen ihrer Zeiteinteilung am meisten interessierte, war die Regel ihrer durchschnittlichen Lebensdauer. Bei genauer Nachfrage fand ich, daß sie die Zeit, die uns auf der Oberwelt vergönnt ist, bedeutend übertrifft. Was uns siebzig Jahre sind, sind ihnen hundert; und das ist nicht der einzige Vorteil, den sie in Bezug auf langes Leben vor uns voraus haben; denn während bei uns wenige ein Alter von siebzig Jahren erreichen, sterben bei ihnen nur wenige vor dem hundertsten, und sie erfreuen sich einer Kraft und Gesundheit, die ihnen das Leben bis zuletzt segensvoll sein läßt. Verschiedene Ursachen tragen hierzu bei: Enthaltsamkeit von allen geistigen Getränken, Mäßigkeit im Essen, am meisten vielleicht eine Heiterkeit des Gemütes, die durch keine anstrengenden Beschäftigungen und heftigen Leidenschaften getrübt wird. Unser Ehrgeiz und unsere Habsucht quälen sie nicht, selbst für Ruhm scheinen sie völlig gleichgültig zu sein. Sie sind starker Liebe fähig, sie zeigt sich aber in einem sanften, heiteren Wohlwollen und scheint sie immer glücklich zu machen und nur sehr selten Kummer zu bereiten. Da die Gy sicher ist, daß sie sich nur dem vermählt, auf den ihre eigene Wahl gefallen ist, und wie oberhalb der Erde, so auch hier, die Frau es ist, von der das häusliche Glück abhängt, so ist die Gy, wenn sie den gewählt hat, den sie allen Anderen vorzieht, nachsichtig gegen seine Fehler, richtet sich nach seiner Stimmung und tut alles um sich seine Liebe zu erhalten. Der Tod eines Geliebten verursacht natürlich, wie uns, so auch ihnen Kummer. Der Tod ist aber vor dem Alter, wo er eine Erlösung ist, bei ihnen sehr selten und wenn er eintritt, finden die Zurückbleibenden viel mehr Trost als, wie ich fürchte, die Mehrzahl von uns, in der Gewißheit einer Wiedervereinigung in einem anderen, noch glücklicheren Leben.

Alle diese Ursachen tragen zu ihrem gesunden und heiteren langen Leben bei obgleich sie es zum großen Teile auch dem ererbten Organismus verdanken. So weit sie sich dessen erinnern können, war ihre Lebenszeit damals, als ihre Gemeinden mehr den unsrigen ähnelten, und sie durch heftige Leidenschaften beunruhigt wurden, bedeutend kürzer, und ihre Krankheiten häufiger und ernsterer Art.

Sie selbst sagen, daß die Lebensdauer seit der Entdeckung der stärkenden und medizinischen Eigenschaften des Vril, zu heilsamen Zwecken angewendet, sich vergrößert habe und noch im Steigen begriffen sei. Nur wenige von ihnen sind Ärzte von Beruf, und diese wenige sind meistens Gy-ei, die, besonders wenn sie verwittwet und kinderlos sind, große Freude an der Heilkunst finden und selbst ärztliche Operationen unternehmen, wo sie durch einen Unfall oder, was noch seltener, durch Krankheit nötig werden.

Sie haben ihre Zerstreuungen und Unterhaltungen und während der leichten Zeit pflegen sie sich in großer Anzahl zu den Vergnügungen in der Luft, die ich schon beschrieben habe, zusammenzufinden. Sie haben auch öffentliche Musiksäle, sogar Theater, in denen sie Stücke aufführen, die, wie mir schien, an die Aufführungen der Chinesen erinnerten, Dramen, deren Inhalt und Personen in längst vergangene Zeiten zurückversetzen, die alles Klassische schändlich entweihen, in denen der Held in dem einen Akte ein Kind, im nächsten ein alter Mann ist – und so fort. Diese Stücke rühren aus alter Zeit her. Im Allgemeinen machten sie einen sehr trübseligen Eindruck auf mich, der aber durch überraschende Maschinerien und einzelne Stellen die, voll Kraft und Mark, hochpoetisch gesprochen wurden, nur etwas mit Metaphern und Tropen überladen waren, wieder verwischt wurde. Im Ganzen machten sie einen ähnlichen Eindruck auf mich, wie Shakespeares Stücke auf einen Pariser zur Zeit Ludwigs XV. oder auf einen Engländer unter der Regierung Karls II.

Die Zuhörerschaft, die größtenteils aus Gy-ei bestand, schien großes Vergnügen an der Vorstellung dieser Dramen zu haben, was mich bei diesen ruhigen, stolzen Frauen überraschte, bis ich bemerkte, daß die Mitwirkenden alle noch nicht erwachsen waren, und ich hatte Recht in meiner Vermutung, daß die Mütter und Schwestern nur kamen, um ihren Kindern und Geschwistern eine Freude zu machen.

Wie ich schon sagte, sind es sehr alte Dramen. Es scheint, als sei schon seit mehreren Generationen kein neues Stück, ja kein Werk der Phantasie geschrieben worden, das wichtig genug gewesen wäre, den nächsten Tag zu erleben. Obgleich es an neuen Publikationen nicht fehlt, sie haben sogar das was wir Zeitungen nennen, doch sind das meist Werke über mechanische Wissenschaft, Berichte über neue Erfindungen, Ankündigungen, verschiedene geschäftliche Einzelheiten betreffend, kurz, praktische Angelegenheiten. Zuweilen schreibt ein Kind ein kleines Abenteuer oder eine junge Gy gibt ihrer Liebes-Furcht oder Hoffnung in Versen Ausdruck. Diese Ergüsse haben aber nur geringen Wert und werden außer von Kindern und jungen Gy-ei selten gelesen. Die interessantesten Werke von rein literarischem Charakter sind die über Forschungen und Reisen in andere Regionen dieser unteren Welt; diese werden meist von jungen Auswanderern geschrieben und mit großem Interesse von den zurückbleibenden Verwandten und Freunden gelesen.

Ich konnte nicht umhin, gegen Aph-Lin meine Überraschung darüber zu äußern, daß ein Staat, der in der mechanischen Wissenschaft so wunderbar vorgeschritten war und dadurch gezeigt hatte, was er in geistiger Beziehung vermochte, der das zum Glücke seines Volkes erreicht hatte, was die politischen Philosophen der Oberwelt nach jahrelangem Streite ziemlich einstimmig als unerreichbare Visionen betrachteten, trotzdem ohne alle Literatur der Gegenwart sein sollte, bei der Vollkommenheit, zu der die Kultur eine reiche und zugleich einfache, kräftige und wohlklingende Sprache gebracht hatte.

Mein Wirt erwiderte: „Sehen Sie nicht, daß eine Literatur, wie Sie sie meinen, sich durchaus nicht mit der sozialen oder politischen Glückseligkeit verträgt, die wir, wie Sie die Güte haben zu glauben, erreicht haben? Endlich, nach Jahrhunderte lang währenden Kämpfen, haben wir eine Regierungsform erlangt, mit der wir zufrieden sind und in der, da wir keinen Unterschied im Rang zulassen, und den Verwaltern keine Ehren erteilt werden, die sie vor Anderen auszeichneten, es keine Anregung zu persönlichem Ehrgeize gibt. Niemand würde Werke lesen, die Theorien verteidigen, die irgend einen politischen oder socialen Wechsel einschlössen, und deshalb schreibt sie keiner. Wenn hin und wieder ein An unzufrieden mit unserer ruhigen Lebensweise ist, so greift er sie nicht an, sondern wandert aus. Daher ist der Zweig der Literatur, der speculative Theorien über die Gesellschaft enthält, gänzlich erloschen, obgleich er – nach den alten Büchern unserer öffentlichen Bibliotheken zu urteilen – einst ein sehr großer war. Früher wurde auch viel über die Eigenschaften und das Wesen des ALLGÜTIGEN und das Für und Wider eines Lebens im Jenseits geschrieben. Jetzt erkennen wir aber alle zwei Tatsachen an: daß es eine Gottheit und daß es eine Fortdauer des Lebens gibt, und wir sind alle darin einig, daß es nutzlos ist, sich die Finger zu zerschreiben um das Dunkel, das über der Natur und dem Zustande jener Fortdauer schwebt, oder um das Wesen GOTTES vollständig erfassen zu können. Dadurch ist ein anderer Zweig der Literatur unnütz geworden, zum Glück für unser Geschlecht; denn zu der Zeit, wo so viel über Gegenstände, die nicht zu entscheiden waren, geschrieben wurde, scheint das Volk in ewigem Zank und Streit gelebt zu haben. So besteht auch ein großer Teil unserer alten Literatur aus geschichtlichen Erinnerungen an Kriege und Revolutionen aus der Zeit, wo die Ana große, aufrührerische Gesellschaften bildeten, in denen sich ein Jeder auf Kosten des Anderen zu bereichern suchte. Wie Sie unsere Lebensweise jetzt finden, so ist sie seit Jahrhunderten gewesen. Es gibt keine Ereignisse in die Chronik einzutragen. Was könnte mehr von uns gesagt werden, als: sie wurden geboren, sie waren glücklich, sie starben? Nun kommt jener Teil der Literatur, der mehr der Einbildung unterworfen ist, den wir Glaubsila oder kurzweg Glaubs nennen und den Sie mit Poesie bezeichnen. Die Gründe ihres Verfalles bei uns sind nur zu einfach.

Wir finden, daß die großen Meisterwerke in diesem Teile der Literatur, die wir alle noch mit Vergnügen lesen, aber deren Nachahmung keiner dulden würde, in der Portraitierung von Leidenschaften bestehen, die wir nicht mehr kennen, wie Ehrgeiz, Rache, ruchlose Liebe, Durst nach Kriegsruhm und dergleichen mehr. Die alten Dichter lebten in einer mit diesen Leidenschaften geschwängerten Luft, sie fühlten lebhaft, was sie in so glühende Worte kleideten. Jetzt kann niemand solche Leidenschaften ausdrücken, denn niemand kann sie empfinden, und selbst dann würde er bei seinen Lesern nicht auf Sympathie stoßen. Ein Hauptelement dieser alten Poesie ist die Zergliederung jener verwickelten Geheimnisse des menschlichen Charakters, die zu außergewöhnlichen Lastern und Verbrechen oder zu hervorragenden Tugenden führen. Ohne durch heftige Leidenschaften, große Verbrechen heroischer Größen genährt zu werden, ist die Poesie, wenn nicht gerade dem Hungertode verfallen, doch auf eine sehr magere Kost gesetzt. Noch bleibt die Poesie der Beschreibung übrig, Beschreibung von Felsen, Bäumen, Gewässern und einfachem häuslichen Leben. Diese abgeschmackte Dichtungsweise weben unsere jungen Gy-ei viel in ihre Liebeslieder ein.

„Solche Poesie kann sehr reizend sein," entgegnete ich; „einzelne unserer Kritiken stellen sie höher als die, die menschliche Verbrechen und Leidenschaften schildert. Jedenfalls hat jene abgeschmackte Dichtungsweise, wie Sie sie nennen, heutzutage mehr Leser unter dem Volke, das ich auf der Oberwelt zurückgelassen habe, als jede andere Art der Poesie."

„Möglich; aber vermutlich macht die Sprache den Dichtern dabei große Mühe; sie müssen die Worte und den Rhythmus mit großer Kunst glätten?"

„Gewiß tun sie das – das müssen alle großen Dichter. Obgleich die Gabe zur Dichtkunst angeboren sein mag, erfordert eine Anwendung doch ebenso große Sorgfalt, als die Bearbeitung eines Stückes Metall, das für eine Ihrer Maschinen bestimmt ist."

„Und ohne Zweifel treibt etwas Besonders Ihre Dichter dazu, so viel Mühe auf derartige wortreiche Machwerke zu verwenden?“

„Nun ich glaube, ihr Instinkt zum Gesang würde sie singen lassen wie die Vögel, die Liebe zum Ruhm, und dann und wann vielleicht der Mangel an Geld lassen sie den Gesang zu wortreichen oder kunstvollen Poesien umbilden.“

„Ganz recht. Wir aber suchen Ruhm nicht in etwas, was der Mensch in dem kurzen Augenblicke, den man Leben nennt, ausführen kann. Sehr bald würden wir diese Gleichheit, die hauptsächlich das Glück unseres Daseins ausmacht, verlieren, wenn wir einem Einzelnen besonderes Lob erteilen. Besonderes Lob würde besondere Macht verleihen, und in demselben Augenblicke würden böse Leidenschaften, die jetzt schlummern, erwachen. Es würde auch andere sofort nach besonderem Lobe gelüsten. Es würde Neid entstehen, durch Neid – Haß und durch Haß – Verleumdung und Verfolgung. Unsere Geschichte erzählt uns, daß der größte Teil der Dichter und Schriftsteller, denen in alten Zeiten das höchste Lob gespendet wurde, mit Schmähungen überhäuft wurden und teils durch die Angriffe eifersüchtiger Nebenbuhler, teils durch eine krankhafte geistige Veranlagung, die leicht große Empfänglichkeit für Lob und Tadel erzeugt, sehr unglücklich wurden. Und was den Mangel an Geld anbelangt, so kennt erstens keiner von unserer Gemeinde den Stachel der Armut, und zweitens würde selbst dann jede andere Beschäftigung einträglicher sein als Schreiben. Unsere öffentlichen Bibliotheken enthalten alle Bücher der Vergangenheit, die die Zeit uns bewahrt hat. Sie sind aus schon erwähnten Gründen unvergleichlich besser, als man sie heute schreiben kann; jeder kann sie kostenlos lesen. Wir sind nicht so töricht, das Lesen minderwertiger Bücher zu bezahlen, wenn wir bessere umsonst lesen können.“

„Bei uns hat das Neue eine besondere Anziehungskraft. Während ein neues Buch, selbst wenn es schlecht ist, gelesen wird, vernachlässigt man ein altes, obgleich es gut ist.“

„Ohne Zweifel liegt bei rohen Völkern, die verzweiflungsvoll nach etwas Besserem ringen, eine gewisse Anziehungskraft in allem Neuen, die uns versagt ist, wir fügen uns dem weisheitsvollen Wirken des EINEN GESETZES und sehen keinen Vorteil in etwas Neuem, das wir von uns aus anstreben. Einer unserer großen Schriftsteller, der vor viertausend Jahren lebte, sagte auch, daß, wer alte Bücher studiert, immer etwas Neues darin finden wird, und wer neue Bücher liest, immer etwas Altes darin findet. Aber um auf die von Ihnen aufgeworfene Frage zurückzukommen, es spornt uns nichts zu mühevoller Arbeit an, weder Begehr nach Ruhm, noch die Not drängt uns dazu, die, die ein poetisches Gemüt haben, werden ohne Zweifel dem Drange folgen, indem sie singen, wie Sie sagen, wie die Vögel; aber da es bei uns keine künstliche Ausbildung gibt, so fehlt die Zuhörerschaft, dadurch verliert sich der Trieb von selbst inmitten der alltäglichen Hindernisse des Lebens."

„Aber wie kommt es, daß, wo es keine Aufmunterung zur Ausbildung der Literatur gibt, die Wissenschaft doch blühen kann?"

„Ihre Frage setzt mich in Erstaunen. Das Motiv zur Wissenschaft ist die Liebe zur Wahrheit, fern von allem Begehr nach Ruhm: und bei uns ist die Wissenschaft fast ausschließlich praktischen Vorteilen, hauptsächlich der Erhaltung unserer sozialen Verhältnisse und den Bequemlichkeiten des alltäglichen Lebens gewidmet. Der Erfinder fragt nicht nach Ruhm, und es wird ihm keiner verliehen. Er hat Freude an einer seinem Geschmacke entsprechenden Beschäftigung, ohne irgend eine Anregung von außen. Des Menschen Geist bedarf der Tätigkeit ebenso wie des Menschen Körper und eine fortwährende Tätigkeit ist beiden zuträglicher als eine aufregende. Unsere weisesten Verbesserer der Wissenschaft leben in der Regel am längsten und völlig frei von allen Krankheiten. Viele finden Vergnügen am Malen, aber die Kunst selbst ist nicht mehr, was sie früher war, als die großen Maler unserer verschiedenen Gemeinden miteinander um den Preis einer goldenen Krone rangen, die ihnen in der Gesellschaft, in der sie lebten, einen fast Königlichen Rang verlieh. Ohne Zweifel werden Sie in unserer archäologischen Abteilung bemerkt haben, daß die Bilder, die vor einigen tausend Jahren geschaffen wurden, größeren

Kunstwert haben. Von allem Künsten ist die Musik die, die am meisten bei uns blüht. Das kommt vielleicht daher, daß sie sich mehr der Wissenschaft als der Poesie zuneigt. Doch auch in der Musik hat das Nichtvorhandensein eines Spornes zu Lob und Ruhm dazu gedient, die Überlegenheit eines Einzelnen zu verhindern. Wir zeichnen uns mehr durch Kirchenmusik aus, die wir mit Hilfe unserer großen mechanischen Instrumente hervorbringen, bei denen wir viel Wasserkraft anwenden, als durch einfache Melodien. Seit mehreren Jahrhunderten haben wir kaum einen Originalkomponisten gehabt. Unsere beliebtesten Lieder sind in ihren Hauptthemas sehr alt und sind später von weniger begabten Musikern bearbeitet worden."

„Gibt es unter den Ana keine Vereine, die von dergleichen Liebhabereien beseelt werden, die Sünden, wie Kunst und Poesie, huldigen, und in denen sich Verschiedenheiten der Stände, des Geistes und der Moralität zeigen, die Ihr Stamm, oder vielmehr die Vril-ya im Allgemeinen bei ihrem Vorwärtsschreiten zur Vollkommenheit hinter sich gelassen haben? Und wenn das der Fall ist, können in derartigen Gesellschaften die Poesie und ihre Schwester, die Kunst, nicht noch gehegt und gepflegt werden?"

„In entlegenen Regionen gibt es noch solche Vereine, aber innerhalb zivilisierter Gemeinden gestatten wir sie nicht; kaum, daß wir ihnen noch den Namen Ana geben, aber Vril-ya sicherlich nicht. Es sind rohe Völker, die größtenteils auf der niedrigen Bildungsstufe Koom-Posh stehen und notwendigerweise ihre Auflösung in Glek-Nas entgegengehen. Sie bringen ihr elendes Dasein in fortwährendem Streite und Wechsel zu. Wenn sie nicht mit ihren Nachbarn kämpfen, so kämpfen sie unter sich selbst. Sie sind in verschiedene Klassen geteilt, die einander schmähen, plündern und zuweilen morden, oft um der unbedeutendsten Differenzen willen. Es wäre uns das unbegreiflich, wenn wir nicht in der Weltgeschichte gelesen und gesehen hätten, daß auch wir einst diesen Zustand der Unwissenheit und Rohheit durchgemacht haben. Die geringste Kleinigkeit genügt, daß sie sich feindlich gegenübertreten. Sie behaupten, einander alle gleich zu sein, und je mehr sie durch Entfernung alter Unterschiede, die sich von neuem zeigen, darnach ringen, es wirklich zu sein, um so auffallender und unerträglicher wird die Ungleichheit, weil nichts in den erblichen Neigungen und Verbindungen zurückgeblieben ist, den schroffen Unterschied zwischen den Vielen, die nichts, und den Wenigen, die viel haben, zu mildern. Natürlich hassen die Vielen die Wenigen, und können doch ohne sie nicht leben. Die Vielen greifen stets die Wenigen an, richten sie zuweilen auch zugrunde; aber sobald das geschehen ist, erheben sich aus den Vielen neue Wenige, mit denen schwerer zu verkehren ist als mit den ersten. Denn wo die Gemeinden groß sind, und der Anspruch auf Besitz vollständig zur Manie wird, da müssen immer viele Verlierende und wenig Gewinnende sein. Kurz, das Volk, von dem ich hier spreche, sind Wilde, die ihren Weg im Finsteren tappen und nach einem Lichtschimmer suchen. Sie würden unser Mitleid für ihre Gebrechen anrufen, wenn sie nicht, wie alle Wilden, durch ihren Dünkel und ihre Grausamkeit ihre eigene Zerstörung verursachten. Können Sie sich denken, daß Geschöpfe dieser Art, nur mit elenden Waffen versehen, wie Sie sie in unserem Altertumsmuseum sehen können, plumpe eiserne Rohre, mit Salpeter geladen, daß solche Geschöpfe mehr wie einmal einen Stamm der Vril-ya, der ihnen am nächsten wohnt, mit Zerstörung gedroht haben, da sie, wie sie sagen, eine Bevölkerung von 30 Millionen Einwohnern hätten, während dieser Stamm ungefähr nur fünfzigtausend Köpfe zählt. Sie drohten mit Zerstörung, wenn man nicht auf einige Handelsbedingungen eingehen wolle, die sie die Unverschämtheit haben, als Gesetze der Zivilisation zu bezeichnen?“

„Aber dreißig Millionen sind eine furchtbare Übermacht gegen fünfzig Tausend!“

Verwundert schaute mein Wirt mich an. „Fremdling“, sagte er. „Sie müssen überhört haben, daß ich sagte, dieser bedrohte Stamm gehöre den Vril-ya an. Er wartet nur, daß diese Wilden den Krieg erklären, um einem halben Dutzend kleiner Kinder den Auftrag zu geben, die ganze Bevölkerung fortzutreiben.“ Bei diesen Worten durchrieselte mich ein Schauer des Entsetzens; ich empfand viel mehr Sympathien mit den „Wilden“ als mit den Vril-ya, als ich mich all dessen erinnerte, was ich zum Lobe der großartigen amerikanischen Einrichtungen gesagt hatte, und daß Aph-Lin diese als Koom-Posh bezeichnet hatte. Als ich meine Selbstbeherrschung wiedergefunden hatte, fragte ich, ob es nicht eine Art von sicherer Überfahrt gäbe, sodaß ich dieses entfernte, verwegene Volk besuchen könne. „Mit der Kraft des Vril können Sie sicher durch alle mit uns verbundenen und verwandten Stämme reisen, sowohl zu Lande als durch die Lüfte, aber bei den wilden Stämmen, deren Gesetze von den unserigen abweichen, die so blind sind, daß ein großer Teil von ihnen tatsächlich von dem lebt, was er dem andern gestohlen hat, wo man selbst während der stillen Stunden die Türen des eigenen Hauses nicht offen lassen kann, da kann ich nicht für Ihre Sicherheit bürgen.“

Hier wurde unsere Unterhaltung durch das Eintreten Taë's unterbrochen, der kam, um uns zu benachrichtigen, daß er abgesandt worden war, das scheußliche Ungetüm, das ich gleich nach meiner Ankunft gesehen hatte, zu töten. Seit seinem Besuche bei mir hatte er es aufgelauert und hatte schließlich vermutet, daß meine Augen mich getäuscht hätten oder das Ungeheuer seinen Weg durch die Felsschluchten nach den wilden Regionen genommen hätte, in denen eine ihm verwandte Gattung lebte. Doch an der Verheerung des Grases am Rande des Sees hatte er bemerkt, daß es noch in der Nähe sein müsse. „Und ich bin sicher“, sagte Taë, „daß es sich jetzt in diesem See verbirgt. Ich glaubte“, wandte er sich zu mir, „es würde Ihnen Vergnügen machen, mich zu begleiten und zu sehen, auf welche Weise wir solche unliebsame Gäste beseitigen.“ Als ich diesem Knaben ins Gesicht blickte und mich der Größe des Ungetümes erinnerte, das er im Begriffe stand, zu töten, da erfaßte mich ein Schauer. Ich fürchtete für ihn und vielleicht auch für mich selbst, wenn ich ihn zu einer solchen Jagd begleitete. Aber meine Neugier, Zeuge der Zerstörungskraft dieses berühmten Vril zu sein, und die Scham, mich dadurch in den Augen eines Kindes zu erniedrigen, daß ich Furcht für meine eigene Person verriete, siegten über mein erstes Gefühl. Ich dankte Taë für die Liebenswürdigkeit, so an mein Vergnügen gedacht zu haben, und war bereit, mich mit ihm zu einem so ergötzlichen Unternehmen auf den Weg zu machen.

Achtzehntes Kapitel

Als Taë und ich die Stadt verlassen hatten, den Hauptweg, der zu ihr führte, zur Linken ließen und in die Felder einbogen, blendete die feierliche, wunderbare Schönheit, bis an den äußersten Horizont durch zahllose Lampen erhellt, mein Auge und lenkte meine Aufmerksamkeit für einige Zeit von der Unterhaltung meines Begleiters ab.

Auf unserem Weg wurden verschiedene Ackerbauarbeiten durch Maschinen verrichtet, deren Formen zum größten Teile sehr reizend und mir neu waren; denn da bei diesen Völkern die Kunst nur ihrer Nützlichkeit halber ausgebildet wird, zeigt sie sich als Verzierung und Verschönerung nützlicher Gegenstände. Diese Stämme sind so reich an kostbaren Metallen und Edelsteinen, daß sie an Vielerlei, einfache Nutzgegenstände verschwendet werden. Ihre Liebe zum Nützlichen veranlaßt sie, ihre Werkzeuge zu verschönern, und schärft ihre Vorstellungskraft in einer ihnen selbst unerklärlichen Weise.

Bei allen Dienstleistungen, in oder außer dem Hause, bedienen sie sich meist automatischer Figuren. Diese sind so verständig und dem Gebote des Vril so gehorsam, daß sie geistiges Leben zu haben scheinen. Es war kaum möglich, die Gestalten, die scheinbar die schnellen Bewegungen großer Maschinen leiteten und überwachten, von denkenden Menschen zu unterscheiden.

Während wir unseren Weg fortsetzten, erregten die lebhaften und treffenden Bemerkungen meines Begleiters allmählich meine Aufmerksamkeit.

Die Kinder dieses Stammes sind geistig auffallend frühreif, vielleicht dadurch, daß man sie schon frühzeitig mit Arbeit und Verantwortung betraut, die wohl eigentlich den mittleren Jahren zukommen. War mir doch, als ich mit Taë sprach, so, als ob ich mich mit einem umsichtigen, mir überlegenen Manne in meinen Jahren unterhielte. Ich fragte ihn, ob er wisse, in wie viele Gemeinden das Geschlecht der Vril-ya geteilt sei.

„Nicht genau", erwiderte er, „weil ihre Zahl dadurch, daß jedes Jahr die Überzahl jeder einzelnen Gemeinde fortzieht und neue Gemeinden bildet, sich allmählich vermehrt. Doch wie ich von meinem Vater hörte, waren es dem letzten Berichte nach eine und eine halbe Million Gemeinden, die unsere Sprache sprechen und unsere Verwaltungsformen und Lebensweise angenommen haben, aber ich glaube, mit einigen Abweichungen, über die Sie besser täten, Zee zu fragen. Sie weiß mehr als die meisten Ana. Ein An kümmert sich weniger um Dinge, die ihn nicht direkt betreffen, als eine Gy; die Gy-ei sind wißbegierige Geschöpfe."

„Beschränkt sich jede Gemeinde auf dieselbe Anzahl Familien oder Personen wie die Ihrige?"

„Nein, bei einigen ist die Bevölkerung viel kleiner, bei anderen größer, je nach dem Umfang des ihnen gehörenden Gebietes oder nach der Stufe der Vollkommenheit, zu der sie ihre Maschinen gebracht haben. Jede Gemeinde setzt sich ihre eigenen, den Verhältnissen angemessenen Grenzen. Sie sorgt dafür, daß nie eine übergroße Bevölkerung einen Druck auf dic Erzeugnisse der Gegend ausübt und dadurch eine arme Volksklasse entstehen kann, und daß der Staat nicht zu groß für eine Regierung wird, um einer einzigen wohlgeordneten Familie zu gleichen. Ich glaube, daß keine Vril-Gemeinde die Zahl von dreißigtausend Haushalten übersteigt. Aber das gilt als allgemeine Regel: je kleiner die Gemeinde, vorausgesetzt, daß es Hände genug gibt, den Fähigkeiten des Bodens, den sie bewohnen, gerecht zu werden, um so reicher ist der Einzelne, und um so größer die Summe, die der allgemeinen Schatzkammer zufließt, und vor allem, um so glücklicher und ruhiger der ganze Staat, und um so vollkommener die Erzeugnisse der Industrie. Der Staat, den alle Stämme der Vril-ya als den in der Zivilisation am höchsten stehenden anerkennen, und der die Kraft des Vril zu ihrer größten Entwicklung gebracht hat, ist vielleicht der kleinste. Er beschränkt sich auf viertausend Familien, aber jeder Zoll seines Gebietes ist zum schönsten Gartenlande umgeschaffen. Seine Maschinen übertreffen die jedes anderen Stammes, und es gibt kein Produkt seiner Industrie, das nicht von jeder einzelnen Gemeinde unseres Geschlechtes zu außergewöhnlichen Preisen gesucht wäre. All unsere Stämme nehmen sich diesen Staat zum Vorbilde, weil wir die höchste Stufe der Zivilisation, die uns Sterblichen gestattet ist, zu erreichen glauben, wenn wir den höchsten Grad von Glück mit dem höchsten Grad geistiger Vollendung verbinden könnten; und es ist klar, daß es um so leichter ist, je kleiner die Gemeinde ist. Die unserige ist zu groß dafür."

Diese Antwort versetzte mich in Nachdenken. Ich gedachte des kleinen Staates Athen mit nur zwanzigtausend freien Bürgern, den unsere mächtigsten Nationen noch bis zum heutigen Tage als höchsten Führer und als Vorbild in allen geistigen Fächern betrachten. Aber Athen lebte in heftiger Eifersucht und stetem Wechsel und war gewiß nicht glücklich. Ich raffte mich aus der Träumerei, in die mich diese Betrachtungen versenkt hatten, auf und lenkte unser Gespräch wieder auf die Auswanderung.

„Aber", sagte ich, „wenn jährlich eine gewisse Anzahl von Ihnen die Heimat aus freien Stücken verläßt und irgend eine neue Gemeinde bildet, so müssen es natürlich sehr wenige sein und selbst mit Hilfe der Maschinen, die sie mit sich nehmen, kaum genug, um den Boden urbar zu machen, Städte zu bauen und einen zivilisierten Staat mit all dem Luxus und den Bequemlichkeiten, an die sie von Jugend auf gewöhnt sind, zu bilden."

„Sie irren. Alle Stämme der Vril-ya stehen in fortwährender Verbindung miteinander und bestimmen jedes Jahr unter sich, wie viele von einer Gemeinde sich mit den Auswanderern einer anderen verbinden müssen, um einen Staat von genügender Größe zu bilden; der Platz dafür wird schon ein Jahr vorher bestimmt und von Jedem Staate werden Pioniere hingeschickt, um Felsen zu sprengen, Wasser einzudeichen und Häuser zu bauen, sodaß, wenn die Auswanderer hinkommen, sie schon eine fertige Stadt finden, von einem Stück Land umgeben, das wenigstens zum Teil auch schon urbar gemacht ist. Unser mühevolles Leben als Kinder läßt uns große Freude an Reisen und Abenteuern finden. Auch ich gedenke, wenn ich mündig bin, auszuwandern."

„Wählen sich die Auswandernden stets bis dahin unbewohnte und brachliegende Plätze?"

„Meistens, weil es eine unserer Regeln ist, nichts zu zerstören, außer wo es zu unserem Wohlergehen notwendig ist. Selbstverständlich können wir uns nicht da niederlassen, wo schon Vril-ya leben, und wenn wir uns angebauter Gegenden von anderen Anageschlechtern bemächtigen, müssen wir die früheren Bewohner erst völlig vertilgen. Zuweilen, wenn wir uns an öden Flecken niederlassen, finden wir, daß ein lästiger, streitsüchtiger Anastamm, besonders unter der Verwaltung von Koom-Posh, oder Glek-Nas, unsere Nachbarschaft übel aufnimmt und Streit mit uns anfängt; dann natürlich, wenn er unsere Wohlfahrt bedroht, töten wir ihn. Mit einer Rasse, die so einfältig ist, ihre Regierungsform immerfort zu ändern, kann man sich auf keinen friedlichen Fuß stellen. Koom-Posh“, sagte das Kind mit Nachdruck, „ist schlecht genug; doch er hat noch Hirn, wenn auch im Hinterkopfe, und ist nicht ohne Herz, aber im Glek-Nas sind die Geschöpfe völlig ohne Herz und Hirn, und es bleibt ihnen nichts als Rachen, Klauen und Leib.“

„Sie drücken sich seltsam aus. Erlauben Sie mir, Ihnen zu sagen, daß ich selbst ein Bürger des Koom-Posh bin, und daß ich stolz darauf bin.“

„Jetzt“, antwortete Taë, „wundere ich mich nicht mehr, Sie hier, so fern von Ihrer Heimat zu sehen. In welchem Zustande war Ihre Gemeinde, bevor sie ein Koom-Posh wurde?“

„Eine Kolonie Auswanderer; wie die, die Ihr Stamm fortschickt, nur insofern von dieser abweichend, als sie von dem Staate, von dem sie kam, abhängig blieb. Sie schüttelte dieses Joch ab und ward, von ewigem Ruhme gekrönt, ein Koom-Posh.“

„Ewiger Ruhm! Wie lange hat dieser Koom-Posh existiert?“

„Ungefähr hundert Jahre“.

„Ein Menschenalter – eine sehr junge Gemeinde. Noch wenige Jahrhunderte und Ihr Koom-Posh wird ein Glek-Nas sein.“

„Nun, die ältesten Staaten unserer Welt setzen so großes Vertrauen in seine Dauer, daß sie alle ihre Regierungsformen nach den unserigen bilden und uns täglich ähnlicher werden, und ihre größten Politiker sagen, daß die unvermeidliche Richtung dieser alten Staaten, gleichviel ob gern oder ungern, die zur Koom-Posherie ist."

„Die alten Staaten?"

„Allerdings."

„Mit einer im Verhältnisse zu der Fläche fruchtbaren Landes kleinen Bevölkerung?"

„Im Gegenteile, mit einer im Verhältnisse zu dieser Fläche sehr großen Bevölkerung."

„Ah so! Alte Staaten – in der Tat! So alt, daß sie wieder schwach werden, wenn sie nicht wie wir die Überzahl der Bevölkerung fortschicken. Sehr alte Staaten, sehr sehr alt! Bitte, Tish, halten Sie es für weise, wenn alte Leute versuchen, wie Kinder Purzelbäume zu schlagen? Und wenn Sie sie fragen, warum sie solche Possen trieben, würden Sie nicht lachen, wenn sie Ihnen antworteten, daß sie doch vielleicht, wenn sie Kindern nachahmten, selbst wieder zu Kindern würden? Die Altertumsgeschichte hat eine Menge Beispiele dieser Art von vor vielen tausend Jahren und jedes Beispiel berichtet von einem alten Staate, der Koom-Posh spielte und bald in Glek-Nas verfiel. Dann über sich selbst entsetzt, ruft er nach einem Gebieter, wie ein alter Mann, wenn er kindisch geworden ist, nach einer Amme, und nach einer mehr oder weniger langen Reihe von Gebietern oder Ammen verschwindet dieser alte Staat aus der Geschichte. Ein sehr alter Staat, der es mit Koom-Posherie versucht, ist wie ein sehr alter Mann, der das Haus, an das er gewöhnt ist, niederreißt, seine Kräfte aber dabei so erschöpft, daß er bei einem Wiederaufbau nicht mehr vermag, als eine elende Hütte zu errichten, in der er und seine Nachfolger klagen: „Wie der Wind weht! Wie die Mauern wackeln!"

„Mein lieber Taë, ich entschuldige alle Ihre unmotivierten Vorurteile, die jeder Schulknabe, in einem Koom-Posh erzogen, mit Leichtigkeit widerlegen könnte, wenn er auch in alter Geschichte nicht so vorzeitig bewandert ist, als Sie es zu sein scheinen."

„Ich, bewandert? Keineswegs. Aber würde ein Schulknabe, in Ihrem Koom-Posh erzogen, von seinem Ururgroßvater oder seiner Ururgroßmutter verlangen, sich auf den Kopf zu stellen und, wenn die armen Alten zögerten, sagen: ›Warum fürchtet Ihr Euch? Seht, wie ich es mache!‹“

„Taë, ich halte es unter meiner Würde, mit einem Knaben wie Sie zu disputieren. Ich wiederhole, ich habe Nachsicht mit Ihrem Mangel an jener Bildung, die nur ein Koom-Posh verleihen kann.“

„Ich meinerseits“, erwiderte Taë in sanftem, aber stolzem Ton, der dieses Geschlecht charakterisiert, „habe nicht allein Nachsicht mit Ihnen, da Sie nicht bei den Vril-ya erzogen worden sind, ich ersuche Sie auch, mir den Mangel an Respekt vor den Sitten und Ansichten eines so liebenswürdigen Tish zu verzeihen.“

Ich hätte schon früher bemerken sollen, daß mein Wirt und seine Familie mich gewöhnlich Tish nannten. Es war eine Höflichkeitsbezeugung, ja ein Kosename, der bildlich einen kleinen Barbaren, wörtlich ein Fröschlein bezeichnet. Die Kinder geben gern der zahmen Froschart, die sie in ihren Gärten halten, diesen Namen.

Währenddessen hatten wir das Ufer eines Sees erreicht, an dem Taë stehen blieb, um mir zu zeigen, wie die ringsum liegenden Felder verwüstet waren. „Sicher hält sich der Feind in diesem Wasser auf“, sagte er; „sehen Sie die Menge von Fischen, die sich am Rande versammelt haben. Selbst die großen mit den kleinen, die gewöhnlich der ersteren Beute sind und sie darum immer meiden, haben sich zusammengefunden. Es schweigt bei der Gegenwart eines allgemeinen Zerstörers ihr Instinkt. Dieses Gewürm muß unbedingt zu der Klasse der Krek-a gehören, eine Klasse, die mehr als jede andere verschlingt und von der man sagt, daß sie zu den wenigen Gattungen der gefürchtetsten Bewohner der Welt gehöre, die die Zeit, bevor die Ana geschaffen waren, überlebt hätten. Ein Krek ist unersättlich. Er nährt sich sowohl von Pflanzen wie von Tieren. Aber für die leichtfüßigen Elentiere sind seine Bewegungen zu langsam. Seine Lieblingsspeise ist ein An, wenn er seiner unbemerkt habhaft werden kann. Darum töten ihn die Ana ohne Erbarmen, wenn er ihr Gebiet betritt. Ich habe gehört, daß, als unsere Vorfahren diese Gegend urbar machten, diese und andere ihnen ähnliche Ungeheuer in Mengen vorhanden waren, und daß vor der Entdeckung des Vril viele unseres Geschlechtes verschlungen wurden. Vor jener Entdeckung, in der unsere Macht besteht und die die Zivilisation unseres Geschlechtes aufrecht hält, war es unmöglich, sie gänzlich auszurotten; aber als wir mit der Anwendung des Vril vertraut wurden, war es uns ein Leichtes, alle uns feindlichen Kreaturen zu vernichten. Doch ungefähr einmal im Laufe jedes Jahres kommt eines dieser Ungeheuer aus wilden, unverbesserlichen Gegenden hierher. Ich erinnere mich, wie sich eines derselben einst einer jungen Gy bemächtigte, als sie in diesem See badete. Wäre sie am Lande und mit ihrem Stabe bewaffnet gewesen, so würde das Ungetüm nicht gewagt haben, sich auch nur zu zeigen; denn wie alle wilden Geschöpfe, hat es einen wunderbaren Instinkt, der es vor den Trägern des Vrilstabes warnt. Wie sie ihren Jungen beibringen, ihn schon beim ersten Male zu meiden, das ist eines jener Rätsel, um deren Erklärung Sie Zee bitten müssen, ich kann es nicht lösen. Solange ich hier stehen bleibe, wird das Ungeheuer seinen Versteck nicht verlassen; doch wir müssen es jetzt hervorlocken."

„Wird das nicht sehr schwierig sein?"

„Durchaus nicht. Setzen Sie sich dort auf jene Klippe – ungefähr hundert Yard vom Ufer entfernt – während ich mich weiter zurückziehe. Sehr bald wird das Tier Sie sehen oder wittern, und sobald es bemerkt, daß Sie kein Vrilträger sind, wird es hervorkommen, Sie zu verschlingen. Sobald es vollständig aus dem Wasser ist, wird es meine Beute."

„Wollen Sie damit sagen, daß ich die Lockspeise dieses scheußlichen Ungeheuers sein soll, das mich im Nu verschlingen könnte? Ich bitte davon abzulassen!"

Der Knabe lachte. „Fürchten Sie nichts", sagte er, „sitzen Sie nur still."

Anstatt diesem Befehle Folge zu leisten, machte ich einen Sprung und war im Begriff, die Flucht zu ergreifen, als Taë leicht meine Schultern berührte; er heftete sein Auge fest auf die meinen und ich blieb wie an den Boden gewurzelt stehen. Alle Kraft zur Flucht verließ mich. Von den Blicken des Knaben beherrscht, folgte ich ihm zu der Klippe, die er bezeichnet hatte, und setzte mich da schweigend hin. Der größte Teil meiner Leser wird schon Wirkungen der Elektro-Biologie, gleichviel ob echte oder unechte, gesehen haben. Kein Professor, der mit dieser höchst zweifelhaften Kraft experimentiert, wäre je fähig gewesen, Einfluß auf einen meiner Gedanken oder eine meiner Bewegungen auszuüben; aber dem Willen dieses furchtbaren Knaben war ich wie eine reine Maschine unterworfen. Er breitete unterdessen seine Flügel aus, schwebte in die Lüfte und ließ sich in einiger Entfernung auf der Höhe eines Hügels zwischen dem Gebüsche nieder.

Ich war allein, und meine Augen mit einem unbeschreiblichen Gefühle der Furcht dem See zugewandt. Ich hielt sie wie festgebannt auf das Wasser gerichtet. Es mochten zehn bis fünfzehn Minuten vergangen sein – mir schienen es Jahre – bevor die glatte Oberfläche, die beim Lampenlichte glitzerte, sich in ihrer Mitte leicht zu bewegen anfing. Zu gleicher Zeit kündeten schäumende Kreise und das Plätschern und Springen der Fische am Rande das Nahen des Feindes an. Ich konnte sehen, wie sie sich eiligst da- und dorthin flüchteten, einzelne sich sogar ans Ufer warfen. Eine lange, dunkle, wellenförmige Furche bewegte sich längst dem Wasser hin, kam näher und näher, bis der große Kopf eines Ungeheuers mit weit geöffnetem Rachen auftauchte. Die düsteren Augen waren gierig auf die Stelle gerichtet, wo ich unbeweglich saß. Jetzt waren seine Vorderfüße am Ufer, jetzt auch seine breite Brust, die auf beiden Seiten schuppig war wie ein Panzer und in der Mitte eine runzlige Haut von dunklem Giftgelb zeigte. Jetzt stand das Ungeheuer in ganzer Länge, hundert Fuß und länger vom Kopfe bis zum Schweif, auf dem Lande. Noch ein großer Schritt mit seinen riesenhaften Füßen, und es hatte die Stelle erreicht, wo ich saß. Nur eine Minute noch lag zwischen mir und einem grausigen Tode, als ein Schuß wie ein Blitzstrahl durch die Lüfte fuhr, traf und in einer Zeit, die kaum zu einem Atemzuge ausreicht, das Ungetüm einhüllte. Als der Dunst sich zerstreute, lag eine schwarze, verkohlte dampfende Masse, etwas Riesenhaftes, von dem aber selbst die äußeren Formen verbrannt waren, vor mir und zerfiel rasch in Staub und Asche. Sprachlos blieb ich noch wie festgebannt sitzen. Eiseskälte und ein neues Gefühl der Furcht durchrieselte mich. Was bisher Schauder gewesen, war jetzt Ehrfurcht.

Ich fühlte des Kindes Hand auf meinem Kopfe, die Furcht verließ mich, der Zauber war gebrochen, ich erhob mich. „Sie sehen, mit welcher Leichtigkeit die Vril-ya ihre Feinde töten", sagte Taë; dann wandte er sich nach dem Ufer, betrachtete die dampfenden Überreste des Ungetümes und meinte ruhig: „Ich habe schon größere Geschöpfe getötet, aber noch keines mit so vielem Vergnügen wie dieses. Ja, es ist ein Krek. Wie viel Unheil mag es in seinem Leben angerichtet haben!"

Dann hob er die armen Fische, die sich ans Land geschleudert hatten, auf und gab sie ihrem Elemente wieder.

Neunzehntes Kapitel

Als wir nach der Stadt zurückkehrten, nahm Taë einen neuen und weiteren Weg, um mir zu zeigen, was ich, um einen bekannten Ausdruck zu wählen, die Station nennen will, das heißt, den Platz, von wo aus Reisende oder Auswanderer ihre Reise antreten. Ich hatte bei früherer Gelegenheit einmal den Wunsch geäußert, ihre Fuhrwerke zu sehen. Diese waren von zweierlei Art, die einen für Landreisen, die anderen für Luftreisen. Erstere gab es von allen Größen und Formen. Einige waren nicht größer als ein gewöhnlicher Wagen, andere bewegliche Häuser von einem Stockwerke mit verschiedenen Zimmern, die mit dem Komfort und Luxus der Vril-ya eingerichtet waren. Die Luftfahrzeuge waren von leichteren Substanzen; sie ähnelten keineswegs unseren Ballons, viel eher unseren Booten und Jachten, hatten Steuer und Ruder, große Flügel als Schaufeln und in der Mitte eine große Maschine, die durch Vril in Bewegung gesetzt wurde, wie alle Fahrzeuge, sowohl die für Land als die für die Luft. Ich sah einen solchen Zug, der sich auf die Reise begab. Er bestand aus nur wenigen Passagieren und enthielt hauptsächlich

Handelsartikel; denn unter den Stämmen der Vril-ya herrscht ein bedeutender Handelsverkehr. Ich will gleich hier mit bemerken, daß ihr gangbares Geld nicht aus kostbaren Metallen besteht. Diese sind zu diesem Zweck nicht kostbar genug. Die kleinere Münzsorte zum alltäglichen Gebrauche wird aus einer Muschel gefertigt, dem verhältnismäßig geringen Überrest einer in frühesten Zeiten stattgehabten Überschwemmung oder irgend einer Umwälzung der Natur, durch die eine geprägte Münzsorte verloren ging. Sie ist klein und flach wie eine Auster und erhält einen edelsteinartigen Glanz. Diese Münze zirkuliert bei allen Stämmen der Vril-ya. Ihren größeren Umsatz machen sie in sehr ähnlicher Weise wie wir, durch Wechsel und dünne Metallplatten, die dem Zwecke unserer Banknoten entsprechen.

Ich will die Gelegenheit benutzen und hinzufügen, daß die Besteuerung dieses Stammes im Verhältnisse zur Bevölkerung eine sehr hohe war. Aber nie habe ich gehört, daß jemand unwillig darüber gewesen wäre, denn die Steuern wurden für das Allgemeinwohl und für Dinge, die zu der Zivilisation des Stammes notwendig waren, verwendet. Die Beleuchtung, die Versorgung der Auswandernden, die Erhaltung der öffentlichen Gebäude, in denen sich die verschiedenen Anstalten für nationale Bildung befinden, von den ersten Erziehungsanstalten für Kinder bis zu der Abteilung, wo das Colleg der Weisen fortwährend neue Versuche in der Wissenschaft der Mechanik macht. Alles das erfordert einen bedeutenden Staatsfonds. Hier muß ich einen Punkt hinzufügen, der mich anfangs seltsam berührte. Wie ich bereits erwähnte, werden alle Arbeiten, die Menschenhände erfordern, von Kindern bis zu ihrem heiratsfähigen Alter verrichtet. Diese Arbeiten bezahlt der Staat, und zwar mit einem ganz unvergleichlich höheren Preise, als bei uns selbst in den Vereinigten Staaten für Arbeitskräfte bezahlt wird. Ihrer Ansicht nach soll jedes Kind, Knabe oder Mädchen, wenn es das heiratsfähige Alter erreicht hat und damit die Arbeitsperiode zu Ende ist, genug zu einem unabhängigen Auskommen fürs Leben verdient haben. Da alle Kinder, ohne Rücksicht auf die Vermögensverhältnisse der Eltern, dienen müssen, werden sie alle je nach den verschiedenen Altern oder der Art ihrer Arbeiten gleich bezahlt. Wo Eltern oder Freunde vorziehen, ein Kind zu ihrem eigenen Dienste zu behalten, müssen sie eine Summe in die öffentlichen Fonds einzahlen, die verhältnismäßig so viel beträgt, wie der Staat einem Kinde zahlt, das er beschäftigt. Diese Summe wird dem Kinde nach Vollendung der Dienstzeit ausgehändigt. Dieses Verfahren dient jedenfalls dazu, einen jeden mit dem Begriffe sozialer Gleichheit vertraut zu machen, ihm diesen Begriff angenehm zu machen. Wenn man sagen darf, daß alle diese Kinder eine Demokratie bilden, so ist es auch wahr, daß die Erwachsenen die Aristokratie bilden. Die außerordentliche Zuvorkommenheit und Eleganz in den Manieren dieser Vril-ya, die Großmut ihrer Empfindungen, die unumschränkte Muße, mit der sie ihre Privatangelegenheiten verfolgen, die Anmut ihres häuslichen Verkehres, in denen sie, wie die Glieder eines edlen Ordens, einander in keinem Worte, keiner Tat mißtrauen können, das alles macht die Vril-ya zu dem vollendetsten Adel, den ein weiser Schüler Platos oder Sidneys sich als das Ideal einer aristokratischen Republik dachte.

Zwanzigstes Kapitel

Seit dem Tage des Ausfluges mit Taë, von dem ich so eben erzählt habe, stattete der Knabe mir häufig Besuche ab. Er hatte eine Zuneigung zu mir gefaßt, die ich aufrichtig erwiderte. Da er noch nicht zwölf Jahre alt war und daher den Kursus wissenschaftlicher Studien, mit dem in jenem Lande die Kindheit schließt, noch nicht begonnen hatte, stand ich geistig nicht so tief unter ihm als unter den älteren Gliedern seines Geschlechtes, besonders den Gy-ei, ganz besonders aber der vollkommenen Zee.

Es ruhen auf den Kindern der Vril-ya so viele Pflichten und ernste Verantwortungen, daß sie im Allgemeinen nicht heiter sind; aber Taë hatte bei all seiner Weisheit einen so frischen, guten Humor, wie man ihn öfter bei älteren talentvollen Leuten findet. Er hatte das Vergnügen an meiner Gesellschaft, das auf der Oberwelt ein Knabe gleichen Alters an einem Lieblingshunde oder einem Affen hat. Es amüsierte ihn, mir die Sitten seines Volkes zu lehren, wie es einen meiner Neffen amüsierte seinen Pudel auf den Hinterfüßen laufen oder durch einem Reifen springen zu lassen. Gern gab ich mich zu dergleichen Versuchen her, ich brachte es aber nie zu den Erfolgen eines Pudels. Anfangs versuchte ich mit größtem Eifer, die Flügel zu gebrauchen, deren sich die Jüngsten der Vril-ya mit derselben Schnelligkeit und Leichtigkeit bedienen, wie bei uns die Kinder ihrer Arme und Beine, aber meine Anstrengungen waren von Verletzungen begleitet, die ernst genug waren, um meine Bemühungen verzweiflungsvoll aufzugeben.

Diese Flügel waren, wie schon bemerkt, sehr groß, sie reichten bis ans Knie und wurden, wenn unbenutzt, so zurückgeschlagen, daß sie einen reizenden Mantel bildeten. Sie sind aus den Federn eines riesenhaften Vogels, der in den felsigen Höhen dieser Gegend vielfach vorkommt, gemacht, größtenteils sind sie weiß, zuweilen mit rötlichen Streifen. An den Schultern sind sie mit leichten, aber starken Sprungfedern befestigt, und wenn sie ausgebreitet werden, gleiten die Arme durch dazu bestimmte Schlingen und bilden dadurch einen starken Halt.

Sobald die Arme erhoben werden, füllt sich ein röhrenförmiges Futter unter dem Kleide oder der Tunika durch mechanische Vorrichtung, je nach der Bewegung der Arme, mehr oder weniger mit Luft und dient dazu, den ganzen Körper wie auf Blasen schwimmend zu erhalten. Sowohl die Flügel als auch der ballonartige Apparat sind stark mit Vril gefüllt, und wenn der Körper so aufwärts schwebt, scheint er wunderbar leichter geworden zu sein. Ich fand es ganz leicht, mich vom Boden zu heben, ja, wenn die Flügel ausgebreitet waren, war es kaum anders möglich, aber dann kam das Schwierige und die Gefahr. Es fehlte mir alle Kraft, die Schwingen zu benutzen und zu dirigieren, obgleich ich bei meinem eigenen Volke für außergewöhnlich geschickt und behende in körperlichen Übungen galt und ein sehr tüchtiger Schwimmer war. Ich brachte nur die einfältigsten, ungeschicktesten Fliegversuche zustande. Ich mußte den Flügeln folgen, nicht die Flügel mir. Ich hatte sie nicht in meiner Gewalt, und als ich durch eine heftige Muskelanstrengung und, ich muß es gestehen, durch eine außergewöhnliche Kraftanstrengung, die übergroße Angst erzeugt, ihre Schwingungen zu hemmen vermochte und sie dichter an mich zog, war es mir, als ob ich die mich aufrecht erhaltende Kraft in den Flügeln und die mit derselben zusammenhängenden Blasen verlöre. Es war mir, als ob Luft aus einem Ballon gelassen würde, und ich fühlte, wie ich wieder nieder auf die Erde stürzte. Nur ein krampfhaftes Flattern schützte mich davor, in Stücke zerschmettert zu werden, es bewahrte aber nicht vor den Beulen und der Betäubung eines schweren Falles. Ich würde meine Versuche jedoch trotzdem nicht aufgegeben haben, wenn die kluge Zee es mir nicht geraten oder vielmehr befohlen hätte. Sie hatte mich immer bei meinen Fliegversuchen begleitet, und bei dem letzten Unfalle flog sie gerade unter mir, sodaß ich auf ihre ausgebreiteten Flügel fiel und davor bewahrt wurde, den Hals auf dem Dach der Pyramide, von der wir ausgeflogen waren, zu brechen.

„Ich sehe", sagte sie, „daß Ihre Versuche vergebens sind. Nicht ein Fehler der Flügel und was zu denselben gehört, ist daran schuld, auch nicht irgend eine Unvollkommenheit oder ein Fehler Ihres eigenen Körpers, sondern ein unabänderlicher, weil organischer Mangel. Ihnen fehlt die Kraft zum Fliegen. Bedenken Sie, daß der erste Entdecker dieses Fluidums mit der Kenntnis seines Vorhandenseins nicht gleichzeitig auch die Kraft es zu gebrauchen erlangte. Die Vollkommenheit ist nicht in einer einzigen Generation erreicht worden. Ganz allmählig erst, wie jede andere Eigenheit, hat sie sich durch Übertragung vom Vater auf das Kind vergrößert, bis sie schließlich zum Instinkte geworden ist und ein junger An unserer Rasse eben so leicht und unbewußt zu fliegen wie zu gehen vermag. Er benutzt seine erfundenen künstlichen Flügel mit derselben Sicherheit wie ein Vogel die, mit denen er geboren ist. Ich hatte mir das nicht hinreichend überlegt, als ich Ihnen erlaubte, einen Versuch im Fliegen zu machen, da es mich lockte, Sie zu meinem Begleiter zu haben. Sie müssen diese Versuche aufgeben. Ihr Leben fängt an, mir teuer zu werden."

Bei diesen Worten nahmen die Stimme und das Antlitz der Gy einen weichen Ausdruck an, und es beunruhigte mich mehr, als meine Fliegversuche.

Ich darf bei Besprechung der Flügel nicht versäumen, einer Sitte bei den Gy-ei Erwähnung zu tun, die mir ihrer Bedeutung halber sehr hübsch und liebenswürdig erschien. Gewöhnlich trägt eine Gy Flügel, solange sie Jungfrau ist. Sie nimmt Teil an den Luftvergnügungen der Ana; sie wagt sich allein in die fernen wilderen Regionen der sonnenlosen Welt und übertrifft dabei das andere Geschlecht nicht allein in der Grazie ihrer Bewegungen, sondern auch in der Kühnheit ihres hohen Fluges in die Lüfte. Aber von dem Tage ihrer Vermählung an trägt sie keine Flügel mehr. Sie nimmt sie am Hochzeitsabend mit eigener Hand ab, um sie nie wieder anzulegen, es sei denn, daß das Ehebündnis durch Scheidung oder den Tod gelöst werde.

Als Zees Stimme und Augen so sanft wurden, und ich vor diesem Ausdruck ahnungsvoll zurückfuhr und schauderte, schwebte Taë, der uns auf unserem Fluge begleitet hatte, aber wie ein Kind viel mehr Vergnügen über meine Ungeschicklichkeit als Mitgefühl mit meiner Angst und Gefahr empfand, mit ausgebreiteten Flügeln über uns in der stillen, klaren Luft, und als er die zärtlichen Worte der jungen Gy vernahm, lachte er laut und rief: „Wenn der Tish nicht lernt, die Flügel zu benutzen, so kannst Du doch noch seine Begleiterin sein, Zee, Du brauchst nur Deine eigenen abzulegen."

Einundzwanzigstes Kapitel

Seit einiger Zeit schon hatte ich bei der weisen und mächtigen Tochter meines Wirtes ein Gefühl des Wohlwollens und Schützens bemerkt, das eine allwissende Vorsehung dem weiblichen Geschlechte verliehen hat, sowohl oberhalb als auch im Inneren der Erde. Aber bis vor kurzem hatte ich es einer Zuneigung, wie Frauen jeden Alters sie für Kinder haben, zugeschrieben. Jetzt mußte ich zu meinem Kummer bemerken, daß Zee mich mit ganz anderen Gefühlen betrachtete, als sie Taë für mich hegte. Aber diese Entdeckung flößte mir keineswegs jene angenehme Befriedigung ein, die die Eitelkeit eines Mannes bei der schmeichelhaften Würdigung seiner persönlichen Vorzüge von Seiten des schönen

Geschlechtes gewöhnlich empfindet. Im Gegenteil, sie flößte mir Furcht ein. Und doch war Zee von allen Gy-ei in der Gemeinde nicht nur die weiseste und stärkste, sondern auch allgemein anerkannt die liebenswürdigste und sicher auch die beliebteste. Der Wunsch, zu helfen, Beistand zu leisten, zu schützen, zu trösten, zu segnen, schien ihr ganzes Sein zu durchdringen. Obgleich jener Jammer, der von Schuld und Armut herrührt, dem sozialen Systeme der Vril-ya fremd ist, so hat doch noch kein Weiser in dem Vril eine Kraft entdeckt, die alle Sorgen vom Leben bannen könnte; und wo immer die Sorge sich bei ihrem Volke einstellte, da folgte auch Zee als Trösterin. Wo eine Gy nicht den den ihrigen nennen durfte, an den sie ihr Herz verloren hatte, suchte Zee sie auf, wandte alle Hilfsmittel ihrer Kenntnisse und die liebevollsten Worte an, um jene in einem Kummer zu trösten, der so sehr des Trostes einer Vertrauten bedarf. In den seltenen Fällen, wo ein Kind von ernster Krankheit befallen wurde, und wo, was häufiger vorkommt, sich während der harten und gefahrvollen Probezeit der Kinder, ein Unfall ereignete, verließ Zee ihre Studien und Vergnügungen und wurde der Arzt und die Pflegerin des Verletzten. Ihre Lieblingsausflüge führten sie zu den äußersten Grenzen des Distriktes, wo Kinder die Gegend vor Ausbrüchen feindlicher Naturkräfte oder dem Eindringen gieriger Tiere wahrten, um die Kinder vor einer Gefahr zu warnen, die ihre Weisheit entdeckte oder voraussah, und zur Hand zu sein, wenn irgend ein Unfall geschah. Ja, selbst bei ihren wissenschaftlichen Studien verließ sie ihr immer bereitwilliges Wohlwollen nicht. Wenn sie von irgend einer neuen Erfindung las, die dem Ausübenden einer Spezial-Kunst oder Kraft von Nutzen sein konnte, eilte sie zu ihm hin, um ihm diese mitzuteilen und zu erklären. War ein bejahrtes Mitglied des Collegs bei seinen Studien geheimer Wissenschaften in Verlegenheit geraten und dadurch ungeduldig geworden, so leistete sie ihm bereitwilligst Hilfe, arbeitete Einzelheiten für ihn aus, hielt seinen Mut durch hoffnungsvolles Lächeln aufrecht und schärfte seinen Geist durch ihre klaren Ansichten, kurz, sie war sein guter Genius. Dieselbe Sorgfalt zeigte sie geringeren Geschöpfen gegenüber. Ich habe oft gesehen, wie sie ein krankes, verwundetes Tier heimgebracht und es geliebkost und gepflegt hat, wie eine Mutter ihr krankes Kind. Oftmals habe ich ihr von dem Balkon oder hängenden Garten aus, zu dem mein Fenster führte, zugeschaut, wie sie sich mit ihren glänzenden Flügeln in die Lüfte hob und nach wenigen Minuten ein Schwarm Kinder, die sie bemerkt hatten, ihr mit freudigen Willkommenrufen entgegenschwebte und sich um sie scharte, sodaß sie gleichsam den Mittelpunkt eines unschuldigen Vergnügens bildete. Wenn ich außerhalb der Stadt zwischen Felsen und Tälern mit ihr wanderte, witterte oder sah das Elentier sie schon von weitem und kam herbeigesprungen, um sich von ihrer Hand liebkosen zu lassen, oder es folgte ihren Schritten, bis ein melodisches Flüstern, das das Tier verstehen gelernt hatte, es entließ. Es ist Sitte unter den unvermählten Gy-ei, auf der Stirne einen Reif oder eine Krone zu tragen, die mit opalähnlichen Edelsteinen in Form von vier Punkten oder sternartigen Strahlen geschmückt ist. Für gewöhnlich sind sie ohne Glanz, aber mit dem Vrilstabe berührt, erhalten sie eine helle züngelnde Flamme, die leuchtet, aber nicht brennt. Sie dient ihnen bei ihren Festlichkeiten als Schmuck, und wenn sie auf ihren Wanderungen die Grenze der künstlich beleuchteten Gegend überschreiten, ersetzt sie ihnen in der Dunkelheit die Lampe.

Es gab Zeiten, wo ich Zees nachdenkliches, hoheitsvolles Antlitz durch diesen goldenen Schein so leuchten sah, daß ich sie kaum für ein sterbliches Wesen halten konnte und mich vor ihr neigte wie vor einer göttlichen Erscheinung.

Aber nie regte sich in meinem Herzen ein Gefühl menschlicher Liebe zu diesem stolzen Bilde edelster Weiblichkeit. Kommt es daher, daß bei der Rasse, der ich angehöre, des Mannes Stolz seine Neigungen derart beeinflußt, daß die Frau für ihn den wahren Reiz des Weibes verliert, wenn er fühlt, daß sie ihm in allem bedeutend überlegen ist? Aber, was konnte diese unvergleichliche Tochter eines Geschlechtes, das infolge seiner Überlegenheit an Kraft und seiner glücklichen Einrichtungen alle anderen Geschlechter zur Klasse der Barbaren zählt, so betört haben, daß sie sich herabließ, mir die Ehre ihrer Zuneigung zu schenken? Obgleich ich, was mein Äußeres anbelangt, bei dem Volke, von dem ich kam, für hübsch galt, so würde doch der schönste meiner Landsleute neben dieser vornehmen und heiteren Schönheit, die die Vril-ya charakterisiert, für häßlich und unbedeutend gegolten haben.

Das Neue, der Unterschied zwischen mir und denen, an die Zee gewöhnt war, mochte es sein, daß ihre Neigung sich mir zuwandte. Wie der Leser später sehen wird, genügt dieser Grund, eine Liebe zu erklären, wie sie eine junge Gy, die noch ein halbes Kind war, und in jeder Beziehung tief unter Zee stand, für mich empfand.

Aber jeder, der diese zärtlichen Empfindungen der Tochter Aph-Lins, von denen ich soeben gesprochen habe, näher betrachtet, wird leicht begreifen, daß der Hauptbeweggrund ihrer Zuneigung zu mir in ihrem unwillkürlichen Wunsche, aufzuheitern, zu trösten und zu beschützen und den Beschützten zu erhalten und zu läutern, lag. Wenn ich auf jene Zeit zurückblicke, schreibe ich allein dieser Ursache die einzige, dieser edlen Natur unwürdige Schwäche zu, die die Tochter der Vril-ya so weit erniedrigte, für jemand Liebe zu empfinden, der so tief unter ihr stand, wie ihres Vaters Gast.

Doch, abgesehen von der Ursache, das Bewußtsein, daß ich ihr eine solche Liebe eingeflößt hatte, erfüllte mich mit Schrecken, mit einem Schrecken vor ihren Vollkommenheiten, ihren geheimnisvollen Kräften und vor der unübersteiglichen Kluft zwischen ihrer und meiner Rasse. Mit dieser Ehrfurcht, ich muß es zu meiner Schande gestehen, verband sich die mehr materielle und unedle Furcht vor den Gefahren, denen mich ihre Überlegenheit aussetzen würde.

Durfte ich nur für einen Augenblick glauben, daß die Eltern und Freunde dieses vornehmen Wesens ohne Verachtung und Abscheu an die Möglichkeit einer Verbindung zwischen ihr und einem Tish denken könnten? Sie konnten Zee nicht bestrafen, konnten sie nicht zurückhalten. Weder im häuslichen noch im öffentlichen Leben kannten sie irgend ein zwingendes Gesetz; aber durch einen Blitz des Vril auf mich konnten sie ihrer Betörung ein rasches Ende bereiten.

Glücklicherweise waren mein Ehrgefühl und Gewissen unter diesen beängstigenden Umständen frei von jedem Vorwurfe. Ich hielt es für meine Pflicht, wenn Zee mir ihre Liebe auch ferner zeigen würde, meinen Wirt davon in Kenntnis zu setzen, natürlich mit der ganzen Zartheit, die bei jedem gebildeten Manne vorausgesetzt wird, wenn er einem anderen anvertraut, inwieweit eine aus dem schönen Geschlechte ihn durch ihre Gunst ausgezeichnet hat. Dadurch würde ich wenigstens frei von jeder Verantwortlichkeit oder dem Verdachte sein, Zees Empfindungen für mich zu erwidern. Auch hoffte ich, mein weiser Wirt werde mir zu einem guten Auswege aus dieser gefährlichen Situation raten können.

In diesem Entschluß folgte ich dem gewöhnlichen Instinkte eines gebildeten, moralischen Menschen, der, obgleich er auch irren kann, doch gewöhnlichen den rechten Weg vorzieht in den Fällen, wo es sichtlich gegen seine Neigungen, seine Interessen und seine Sicherheit ist, den falschen zu wählen.

Zweiundzwanzigstes Kapitel

Wie der Leser bemerkt haben wird, begünstigte Aph-Lin einen allgemeinen, ungezwungenen Verkehr meinerseits mit seinen Landsleuten keineswegs. Obgleich er sich auf mein Versprechen, mich aller Mitteilungen über die Welt von der ich kam zu enthalten, und mehr noch sich auf das Versprechen derer verließ, von denen er gefordert hatte, mich nicht zu fragen, war er doch nicht sicher, ob ich, wenn es mir gestattet war, mit Fremden, deren Neugier mein Anblick erregt hatte, zu verkehren, mich genügend vor ihren Fragen würde wahren können.

Darum ließ man mich nie allein ausgehen. Es begleitete mich immer jemand von der Familie meines Wirtes oder mein jugendlicher Freund Taë. Bra, Aph-Lins Gemahlin, verließ selten die Gärten, die das Haus umgaben, und las sehr gern die romantischen und abenteuerlichen Werke alter Literatur. In den Werken neuer Jahrhunderte findet man nichts Derartiges. Sie führten ihr Bilder aus einem Leben vor, das ihr fremd war und ihre Vorstellungskraft anregte; Bilder aus einem Leben, das dem ähnelte wie wir es täglich auf der Erde führen, das durch Sorgen, Sünden und Leidenschaften belebt wird. Diese Bilder waren ihr das, was uns die

Erzählungen von „Tausend und eine Nacht“ sind. Aber ihre Liebe zum Lesen hielt Bra nicht davon zurück, auch ihre Pflichten als Herrin des größten Haushaltes in der Stadt nachzukommen. Täglich machte sie die Runde durch die Zimmer und sah nach, ob die Automaten und andere mechanische Bequemlichkeiten in Ordnung wären, ob die zahlreichen Kinder, die Aph-Lin sowohl für seinen Haushalt wie auch zu öffentlichen Zwecken beschäftigte, sorgfältig überwacht würden. Sie sah auch die Rechnungen des ganzen Hauswesens durch, und es war ihr größtes Vergnügen, ihrem Gemahl bei den Geschäften, die sein Amt als Hauptverwalter der Beleuchtungsangelegenheiten mit sich brachte, zu unterstützen. All diese Beschäftigungen fesselten sie an ihr Haus. Ihre zwei Söhne vollendeten ihre Erziehung im Colleg der Weisen. Der ältere, der eine große Leidenschaft für Maschinen hatte, und zwar ganz besonders für die Maschinenwerke der Uhren und Automaten, war entschlossen, sich diesem Studium ganz zu widmen, und er beschäftigte sich jetzt damit, einen Laden oder ein Warenhaus zu bauen, in dem er seine Erfindungen ausstellen und verkaufen könnte. Der jüngere Sohn zog Ackerbau und landwirtschaftliche Beschäftigungen vor, und war er nicht im Colleg, wo er den Ackerbau theoretisch studierte, so gab er sich auf seines Vaters Besitzung der praktischen Anwendung seiner Wissenschaft hin. Hieraus kann man ersehen, welche Gleichheit im Rang bei diesem Volke herrscht. Ein Krämer steht ebenso geachtet da wie der Besitzer eines großen Landsitzes. Aph-Lin war das reichste Mitglied der Gemeinde, und doch zog es sein ältester Sohn jeder anderen Beschäftigung vor, einen Laden zu halten; niemand sah in dieser Wahl irgend einen Mangel an geistigen Fähigkeiten.

Dieser junge Mann hatte meine Uhr, deren Werk ihm neu war, mit größtem Interesse betrachtet und war hocherfreut, als ich sie ihm schenkte. Kurz darauf revanchierte er sich mit einer Uhr eigener Konstruktion, die sowohl die Zeit der meinigen als die, die die Vril-ya führen, anzeigte. Ich besitze diese Uhr noch jetzt; sie hat die Bewunderung der bedeutendsten Uhrmacher in London sowohl wie in Paris erregt. Sie ist von Gold mit diamantenen Zeigern und Ziffern, und beim Schlagen der Stunde spielt sie eine Lieblingsmelodie der Vril-ya; man braucht sie nur alle zehn Monate aufzuziehen, und seit ich sie besitze ist sie noch nie falsch gegangen.

Diese zwei Brüder waren meine Gesellschafter. Ging ich aus, so begleitete mich mein Wirt oder seine Tochter. Den ehrenwerten Beschlüssen gemäß, die ich gefaßt hatte, fing ich an, mich zu entschuldigen, wenn Zee mich aufforderte, allein mit ihr auszugehen, und benutzte die Gelegenheit, als diese gelehrte Gy eine Vorlesung im Colleg der Weisen hielt, Aph-Lin zu bitten, mir seinen Landsitz zu zeigen. Da er ein wenig entfernt lag, Aph-Lin nicht gerne ging, und ich alle Versuche zum Fliegen aufgegeben hatte, so fuhren wir in einem der Luftschiffe meines Wirtes unserem Ziele zu.

Ein Kind von acht Jahren war unser Führer. Mein Wirt und ich lehnten uns in die Kissen zurück; ich fand die Bewegung sehr angenehm und behaglich.

„Aph-Lin", hob ich an, „ich hoffe, Sie sind mir nicht böse, wenn ich Sie um die Erlaubnis bitte, auf eine kurze Zeit verreisen zu dürfen, um andere Stämme und Gemeinden Ihrer erhabenen Rasse zu besuchen. Ich möchte auch gern jene Nationen sehen, die Ihren Einrichtungen nicht folgen und die Sie als Wilde ansehen. Eben so sehr würde es mich interessieren, die Unterschiede zwischen diesen und den Rassen, die wir in der Oberwelt für zivilisierte halten, festzustellen."

„Es ist ganz unmöglich, daß Sie allein dahin gehen könnten", antwortete Aph-Lin. „Selbst unter den Vril-ya würden Sie großen Gefahren ausgesetzt sein. Gewisse Abweichungen in Körperbildung und Farbe und die seltsame Erscheinung dieser Haarbüschel auf Ihren Backen und Ihrem Kinn, die in Ihnen eine sowohl unserer eigenen wie jeder bekannten, noch so entfernten wilden Rasse fremde Abstammung erkennen läßt, würden sicher die besondere Aufmerksamkeit des Collegs der Weisen, gleichviel in welcher Gemeinde der Vril-ya, die Sie besuchten, auf sich ziehen, und es würde ganz von dem persönlichen Willen irgend eines Weisen abhängen, ob man Sie, wie hier bei uns, gastfreundlich aufnehmen oder

Sie statt dessen sofort zu wissenschaftlichen Zwecken zergliedern würde. Wissen Sie, daß, als der Tur Sie zuerst in seinem Hause aufnahm, und während Sie dort durch Taë in Schlaf gesenkt wurden, um sich von Ihrem Schmerze und Ihrer Erschöpfung zu erholen, die Weisen, die der Tur herbeigerufen hatte, verschiedener Meinung waren, ob Sie ein harmloses oder ein schädliches Tier seien? Während Ihres bewußtlosen Zustandes wurden Ihre Zähne untersucht, und diese bewiesen deutlich, daß Sie nicht allein grasfressend, sondern auch fleischfressend waren. Fleischfressende Tiere in Ihrer Größe werden immer für gefährlich und wild angesehen und getötet. Unsere Zähne sind, wie Sie ohne Zweifel bemerkt haben werden , nicht wie die von Geschöpfen, die Fleisch essen. Es wird allerdings von Zee und anderen Philosophen behauptet, daß in früheren Zeiten, als die Ana vom Raube lebender Geschöpfe aus der Tiergattung lebten, ihre Zähne auch diesem Zwecke entsprochen haben müssen. Doch selbst wenn dem so ist, haben sie sich durch erbliche Übertragung verändert und der Nahrung, von der wir jetzt leben, angepaßt. Selbst die Barbaren, die den unruhigen, wilden Einrichtungen der Glek-Nas folgen, nähren sich nicht von Fleisch, wie die Raubtiere.

Während dieser Dispute wurde der Vorschlag gemacht, Sie zu zergliedern; aber da Taë so sehr für Sie bat, sandte der Tur, dem durch sein Amt jeder neue Versuch zuwider war, der mit unserem Brauche im Widerspruch steht, das Leben zu schonen, außer wo es klar bewiesen ist, daß es das Wohl der Gemeinde fordert, zu nehmen, zu mir, dem es als reichstem Manne des Staates zusteht, die Fremden aus der Ferne gastfreundlich aufzunehmen. Mir wurde es überlassen, zu entscheiden, ob Sie ein Fremder seien, den ich arglos aufnehmen könnte oder nicht. Hätte ich mich geweigert, Sie aufzunehmen, so würde man Sie dem alten Colleg der Weisen überantwortet haben, und was Sie dort erwartet hätten, daran mag ich nicht denken. Abgesehen von dieser Gefahr, können Sie auch zufällig einem vierjährigen Kinde begegnen, das, so eben in den Besitz seines Vrilstabes gelangt, erschreckt über Ihr seltsames Aussehen und vom Augenblick beherrscht, Sie zu Asche umwandelt. War doch Taë, da er Sie zuerst sah, im Begriff, ein Gleiches zu tun, als sein Vater seine

Hand rechtzeitig zurückhielt. Darum dürfen Sie nicht allein reisen, aber mit Zee wären Sie sicher; und ich zweifle nicht, daß sie Sie gern auf einer Tour nach den Nachbarstaaten der Vril-ya begleiten wird. – Nicht aber nach den wilden Staaten. Ich will sie fragen."

Da es mein Hauptzweck dieser Reise war, Zee auszuweichen, entgegnete ich hastig: „Nein, bitte, tun Sie das nicht! Ich gebe meine Absicht auf; Sie haben mir genug von den Gefahren erzählt, um mich davon zurückzuhalten; auch kann ich es kaum gutheißen, daß eine junge Gy mit den körperlichen Reizen Ihrer schönen Tochter ohne einen besseren Beschützer als einen Tish von meiner unbedeutenden Kraft und Statur in andere Regionen reist."

Aph-Lin ließ jenen weichen, zischenden Tone hören, der dem Lachen am nächsten kommt und das Höchste ist, was sich ein erwachsener An als Zeichen seiner Lachlust erlaubt, bevor er erwiderte: „Verzeihen Sie meine unhöfliche Heiterkeit über eine so ernsthaft gemachte Bemerkung meines Gastes. Aber die Idee, daß Zee, die Andere so gern beschützt, daß die Kinder sie ›die Beschützerin‹ nennen, selbst eines Beschützers bedürfe gegen Gefahren, die ihr von kühnen männlichen Bewunderern drohen könnten, ist mir zu spaßhaft. Wissen Sie, daß unsere Gy-ei, während sie unvermählt sind, allein zu anderen Stämmen zu reisen pflegen, um zu sehen, ob sie dort vielleicht einen An finden, der ihnen besser gefällt als die in ihrer Heimat? Zee hat schon drei Reisen gemacht, aber noch ist ihr Herz frei."

Hier bot sich mir die Gelegenheit, die ich suchte, und vor mich niederblickend, sagte ich mit zitternder Stimme: „Wollen Sie mir versprechen, mein gütiger Wirt, mir zu verzeihen, wenn Sie das, was ich im Begriffe stehe, zu sagen, beleidigt?"

„Sprechen Sie nur die Wahrheit und nichts kann mich beleidigen. Wäre es dennoch möglich, so wäre es nicht an mir, sondern an Ihnen, zu verzeihen."

„Nun denn, so seien Sie mir behilflich, Sie verlassen zu dürfen. Hätte ich auch gerne mehr von den Wundern gesehen und mehr von dem Glücke

Ihres Volkes genossen, so bitte ich doch, lassen Sie mich in meine Welt zurückkehren."

„Leider gibt es Gründe, weshalb ich das nicht vermag, wenigstens nicht ohne des Turs Erlaubnis, und die werde ich nicht erhalten. Sie sind nicht ohne Geist; Sie können uns, was ich jedoch nicht glaube, verhehlt haben, wieweit die Zerstörungskraft Ihres Volkes geht; kurz, Sie können uns irgend eine Gefahr bringen; und wenn dem Tur dieser Gedanke kommt, ist es durchaus seine Pflicht, entweder Ihrem Leben ein Ende zu machen oder Sie für den Rest Ihres Daseins einzukerkern. Aber warum wollen Sie einen Staat verlassen, der, wie Sie so gütig zugeben, glücklicher ist als Ihr eigener?"

„O Aph-Lin, meine Antwort ist einfach. Weil ich ohne mein Verschulden Ihre Gastfreundschaft verraten würde, weil in jener Laune der Liebe, die in unserer Welt bei dem weiblichen Geschlechte zum Sprichwort geworden und von der selbst eine Gy nicht frei ist, Ihre anbetungswürdige Tochter geruhen könnte, mich, obgleich ich ein Tish bin, als zivilisierten An anzusehen und – und – und –"

„Als Gatten begehren könnte" fiel Aph-Lin ernst und ohne sichtliches Zeichen der Überraschung oder des Mißfallens ein."

„Sie haben es gesagt."

„Das wäre ein Unglück", hob mein Wirt nach kurzer Pause wieder an, „und ich fühle, daß Sie getan haben, was Sie konnten, indem Sie mich warnten. Es ist, wie Sie sagen, nichts Ungewöhnliches, daß eine junge Gy bei dem Gegenstande ihrer Liebe einen Geschmack entwickelt, der in den Augen anderer launenhaft erscheint; aber keine Macht vermag eine junge Gy zu zwingen, von etwas abzulassen, das sie sich zum Ziele erwählt hat. Das Einzige was wir tun können, ist, ihr zureden; aber wir wissen aus Erfahrung, daß das ganze Colleg der Weisen es für vergeblich hält, eine Gy in einer Angelegenheit, die ihre Wahl in der Liebe betrifft, zu beeinflussen. Sie tun mir leid, weil eine solche Heirat gegen den A-glauran, das Wohl der Gemeinde wäre; denn die Kinder einer solchen Ehe würden die Rasse schänden, ja sie könnten sogar mit Zähnen fleischfressender Tiere geboren werden. Das darf nicht sein. Zee, als eine Gy, kann nicht beschränkt werden; aber Sie, einen Tish, kann man zu Grunde richten. Darum rate ich Ihnen, ihren Werbungen zu widerstehen, ihr offen zu sagen, daß Sie ihre Liebe nicht erwidern könnten. Das geschieht sehr häufig. Wie mancher An, um den eine Gy leidenschaftlich wirbt, schlägt sie aus und macht ihrer Werbung dadurch ein Ende, daß er sich mit einer anderen vermählt. Derselbe Ausweg steht Ihnen offen."

„Nein! Denn ich kann keine andere Gy heiraten, ohne die Gemeinde in gleicher Weise zu beleidigen und mich der Möglichkeit auszusetzen, fleischessende Kinder zu erziehen."

„Das ist wahr. Alles, was ich Ihnen sagen kann, und ich sage es mit der Rücksicht, die ich einem Tish, und dem Respekt, den ich einem Gaste schuldig bin, ist offen das: Wenn Sie nachgeben, ist es Ihr Tod. Ich muß es Ihnen überlassen, das beste Mittel zu finden, sich davor zu schützen. Vielleicht ist es das Richtigste, Sie sagten Zee, daß sie häßlich sei. Eine solche Versicherung von den Lippen dessen, um den sie sich bewirbt, genügt gewöhnlich, die glühendste Liebe einer Gy erkalten zu machen."

Dreiundzwanzigstes Kapitel

Ich gestehe, daß meine Unterhaltung mit Aph-Lin, und die Kälte, mit der er sich für unfähig erklärte, seine Tochter von ihrer gefährlichen Laune abzubringen, und mit der er den Gedanken behandelte, daß ihre Liebesfackel meine zu verführerische Person in Asche umwandeln könnte, mir das Vergnügen raubte, das ich sonst bei der Besichtigung von meines Wirtes Landsitz und den wunderbar vollkommenen Maschinen, durch die die landwirtschaftlichen Arbeiten geleitet wurden, empfunden haben würde. Das Haus wich in seinem Äußeren von dem massiven und düsteren Gebäude, das Aph-Lin in der Stadt bewohnte und das mehr den Felsen glich, aus denen die Stadt selbst erbaut worden war, ab. Die Mauern des Landsitzes bestanden aus Bäumen, die wenige Fuß voneinander standen. Die Zwischenräume füllte eine durchsichtige Substanz aus, die bei den Ana die Stelle des Glases vertritt. Die Bäume standen alle in Blüte. An dem Portal wurden wir von einem Automaten empfangen, der uns in ein Zimmer führte, wie ich ein ähnliches nie zuvor gesehen habe, wie meine Phantasie an schönen Sommerabenden es sich aber oftmals ausgemalt hatte. Es war eine Laube, halb Zimmer, halb Garten. Die Wände bildete ein Dickicht rankender Blumen. Durch die Öffnungen, die wir Fenster nennen, und in denen hier die metallartigen Scheiben zurückgeschoben waren, sah man auf Landschaften, einige Fernsichten mit Felsen und Seen, sowie auch kleine begrenzte Räume, ähnlich unseren Gewächshäusern, die mit Blumen gefüllt waren.

An den Zimmerwänden entlang zogen sich Blumenbeete, hier und da lagen Kissen zum Ruhen. In der Mitte des Zimmers befanden sich eine Zisterne und eine Fontaine von dem flüssigen Licht, das ich schon früher mit Naphtha bezeichnet hatte. Es leuchtete, hatte eine rosige Farbe und reichte ohne Lampen hin, das Zimmer matt zu erleuchten. Rings um die Fontaine bildete ein weiches dichtes Moos einen Teppich. Es war nicht grün – diese Farbe habe ich nie in der Vegetation dieses Landes gesehen – vielmehr von ruhigem Braun, das ebenso wohltuend auf das Auge wirkte wie in der Oberwelt die grüne Farbe. In den Hallen, die nach den Blumenbeeten führten, die ich bereits mit unseren Gewächshäusern verglichen habe, waren unzählige Singvögel, die, während wir im Zimmer blieben, jene melodiereichen Lieder anstimmten, auf die sie dort so wunderbar abgerichtet sind. Das Dach war offen. Die ganze Szene bot Reize für jeden einzelnen Sinn, die Vögel musizierten, die Blumen dufteten, und bei jedem Blicke boten sich dem Auge die verschiedensten Schönheiten. Auf allem lagerte eine wollüstige Ruhe. Welch ein reizender Ort für die Flitterwochen, dachte ich, wenn eine Gy-Braut weniger furchtbar mit den Rechten einer Frau wie mit den Kräften eines Mannes ausgestattet wäre! Aber wenn man an eine Gy denkt, die so gelehrt, so groß, so vornehm ist, so hoch über dem Wesen, das wir Frau nennen, steht, wie Zee, nein! Selbst wenn ich nicht gefürchtet hätte, durch sie in Asche verwandelt zu werden, selbst dann würde ich nicht von ihr in dieser Laube geträumt haben, die zu poetischen Liebesträumen wie geschaffen schien.

Der Automat erschien wieder und reichte uns einen jener köstlichen Liqueure, die bei den Vril-ya der unschuldige Ersatz für unsere Weine sind.

„Das ist in der Tat ein herrlicher Aufenthalt“, sagte ich, „und ich kann kaum begreifen, warum Sie nicht lieber hier als inmitten der düsteren Stadt wohnen.“

„Mein Amt als Verwalter der Beleuchtung macht mich der Gemeinde gegenüber verantwortlich und zwingt mich, hauptsächlich in der Stadt zu wohnen; ich kann immer nur auf kurze Zeit hierher kommen.“

„Aber da Ihr Amt, wie Sie mir sagten, keine Ehren einträgt und doch viel Mühe macht, warum nahmen Sie es dann an?“

„Jeder von uns gehorcht ohne Frage den Befehlen des Tur. Als er sagte: ›Es wird gewünscht, daß Aph-Lin Beleuchtungsverwalter werde‹, hatte ich keine Wahl, aber jetzt, wo ich das Amt seit langer Zeit inne habe, sind mir die Verpflichtungen desselben, die mir anfangs zuwider waren, wenn auch nicht angenehm, so doch erträglich geworden. Wir sind alle Sklaven der Gewohnheit, selbst der Abstand zwischen unserer Rasse und den Wilden ist nur eine Fortsetzung der Gewohnheit, die von Geschlecht zu Geschlecht vererbt wird und ein Teil unserer Natur geworden ist. Wie Sie sehen, gibt es Ana, die sich mit den Verantwortlichkeiten eines obersten Magistrates aussöhnen, aber keiner würde das tun, wenn ihm die zu übernehmenden Pflichten nicht sehr leicht gemacht oder wenn Wünschen irgend welche Einwendungen entgegengestellt würden.“

„Wie aber, wenn Sie die Wünsche für unklug oder ungerecht hielten?“

„So zu denken erlauben wir uns nicht, und es geht in der Tat alles seinen Gang, als ob jeder und alles sich selbst, den Gewohnheiten undenklicher Zeiten gemäß, regierte.“

„Wenn nun der oberste Magistrat stirbt oder sich zurückzieht, wie gelangen Sie dann zu einem Nachfolger?“

„Der An, der viele Jahre hindurch die Pflichten eines solchen erfüllt hat, weiß am besten den zu wählen, der der Aufgabe einer solchen Stellung gewachsen ist, er selbst ernennt gewöhnlich seinen Nachfolger."

„Wohl seinen Sohn?"

„Nur selten; denn es ist ein Amt, das niemand begehrt oder sucht, und ein Vater zögert natürlich, seinem Sohne einen solchen Zwang aufzuerlegen. Aber wenn der Tur selbst die Wahl ablehnt, aus Furcht, man könne glauben, er trage der Person, auf die seine Wahl fällt, einen Groll nach, so losen drei aus dem Colleg der Weisen unter sich, wem von ihnen es zustehen soll, den Magistrat zu wählen. Unserer Meinung nach ist das Urteil eines An von mittelmäßigen Fähigkeiten besser als das Urteil dreier, sie seien noch so weise; denn unter dreien ist gewöhnlich Uneinigkeit, und Uneinigkeit trübt das Urteil. Die schlechteste Wahl von einem, der keinen Grund hat, falsch zu wählen, ist besser als die beste, von vielen getroffen, die viele Gründe haben, nicht richtig zu wählen."

„Sie stoßen mit Ihren Grundsätzen die Maximen unseres Landes um."

„Sind Sie in Ihrem Lande alle mit Ihren Regenten zufrieden?"

„Alle! Natürlich nicht; die Regenten, mit denen die meisten zufrieden sind, mißfallen anderen wieder."

„Dann ist unser System besser als das Ihrige."

„Mag sein, daß es für Sie besser ist; aber unserem System gemäß könnte ein Tish nicht in Asche verwandelt werden, wenn eine Frau ihn zwingt, sie zu heiraten, und als Tish sehne ich mich, in meine Heimatwelt zurückzukehren."

„Fassen Sie Mut, mein lieber kleiner Gast; Zee kann Sie nicht zum Heiraten zwingen. Sie kann Sie nur dazu verführen. Lassen Sie sich nicht verführen. Kommen Sie und sehen Sie sich meine Besitzung an."

Wir betraten ein Gehege, das von Ställen umgeben war; denn obgleich die Ana sich keine Tiere zum Schlachten halten, so ziehen sie doch einige zum Melken und andere zum Scheeren. Erstere gleichen so wenig unseren Kühen wie letztere unseren Schafen, auch glaube ich, daß derartige Tiere gar nicht bei ihnen existieren. Sie benutzen die Milch von drei verschiedenen Tierarten. Die eine ist unserer Gemse ähnlich, nur bedeutend größer, fast so groß wie ein Kameel, die anderen zwei sind kleiner, und obgleich auch verschieden voneinander, sind sie doch keinem Geschöpfe, das ich auf der Erde sah, ähnlich. Sie sind unbehaart und von gefälligen Formen; ihre Farbe gleicht der des gefleckten Damhirsches. Sie haben ein sanftes Aussehen und schöne Augen. Die Milch dieser drei Tiere ist sowohl an Güte als an Geschmack verschieden. Gewöhnlich wird sie mit Wasser verdünnt und mit dem Safte einer seltsamen, duftenden Frucht schmackhaft gemacht; doch ist sie schon an sich nahrhaft und wohlschmeckend. Das Tier, dessen Wolle ihnen zur Kleidung und anderen Zwecken dient, kommt der italienischen Ziege am nächsten; nur ist auch dieses Tier bedeutend größer, hat keine Hörner und ist frei von dem unangenehmen Geruche unserer Ziege. Seine Wolle ist nicht dicht, aber sehr lang und fein; in der Farbe ist sie verschieden, niemals weiß, gewöhnlich schiefergrau oder lavendelfarben. Als Kleidung verwendet wird sie gewöhnlich je nach dem Geschmacke des Trägers gefärbt. Diese Tiere waren sehr zahm und wurden von Kindern, meistens Mädchen, die sie versorgten, mit außerordentlicher Sorgfalt und Liebe behandelt. Hierauf durchschritten wir große Scheunen, die mit Korn und Früchten angefüllt waren. Ich muß hier bemerken, daß der Hauptnahrungsvorrat dieses Volkes erstens in einer Art Getreide besteht, das viel großkörniger ist als unser Weizen und durch die fortschreitende Kultur immer im Geschmacke wechselt, und zweitens in einer Frucht, ungefähr von der Größe einer kleinen Orange, die beim Pflücken hart und bitter ist. Sie wird, viele Monate lang in den Vorratshäusern aufbewahrt, mit der Zeit süß und saftig. Der Saft dieser Frucht von dunkelroter Farbe wird zu den meisten ihrer Saucen benutzt. Sie haben vielerlei, der Olive ähnliche Früchte, aus denen köstliche Öle gezogen werden. Eine Pflanze, die sie besitzen, kommt dem Zuckerrohre sehr nahe, nur ist ihr Saft weniger süß und hat einen zarten Duft. Sie haben weder Bienen noch honigliefernde Insekten; dagegen benutzen sie sehr viel ein süßes Harz, das aus einer pinienartigen Pflanze fließt. Auf ihrem Boden gedeihen auch eßbare Wurzeln und Vegetabilien, die zu veredeln und mannigfaltig zu machen das Ziel ihrer Kultur ist. Ich erinnere mich keiner Mahlzeit bei diesem Volke, selbst im engsten Familienkreise, die nicht irgend eine neue Delikatesse dieses Nahrungsmittels gebracht hätte. Wie ich bereits bemerkt habe, war ihre Kochkunst so ausgezeichnet, so nahrhaft und mannigfaltig, daß man das Fleisch nicht vermißt; und schon ihre eigenen Gestalten zeigen hinreichend, daß sie des Fleisches wenigstens nicht zur größeren Körperkraft bedürfen. Weinstöcke haben sie nicht; die Getränke, die sie aus den Früchten bereiten, sind unschuldig und erfrischend. Ihr Hauptgetränk jedoch ist Wasser, in dessen Wahl sie sehr genau sind, da sie die geringste Unreinheit darin bemerken.

„Mein jüngster Sohn hat ein großes Vergnügen daran, unsere Produkte zu vermehren", sagte Aph-Lin, als wir die Vorratsräume durchschritten; „darum wird er diese Ländereien erben, die den größten Teil meines Vermögens ausmachen. Meinem älteren Sohne würde ein solches Erbteil nur große Mühe und Kummer verursachen."

„Gibt es bei Ihnen viele Söhne, die das Erben eines großen Vermögens für eine Last ansehen?"

„Gewiß; es gibt sogar nur sehr wenige unter den Vril-ya, die anders denken. Nachdem wir die Jahre der Kindheit hinter uns haben, sind wir ein ziemlich träges Volk und bürden uns nicht gerne mehr Sorgen auf, als unumgänglich notwendig ist. Großer Reichtum macht dem Besitzer immer viel Sorge. Zum Beispiel wird er dadurch leicht zu öffentlichen Ämtern gewählt, die keiner gern bekleidet und die er doch nicht ablehnen kann. Er nötigt uns, fortwährend Interesse an den Angelegenheiten unserer ärmeren Landsleute zu nehmen, sodaß wir ihren Bedürfnissen zuvorkommen können und Acht haben, daß keiner in Armut gerät. Wir haben ein altes Sprichwort, das sagt: Des Armen Not ist des Reichen Schande –".

„Verzeihen Sie, daß ich Sie für einen Augenblick unterbreche. So kommt es auch bei den Vril-ya vor, daß jemand Mangel leidet und der Hilfe bedarf?"

„Wenn Sie unter Mangel dasselbe verstehen, was in einem Koom-Posh herrscht, nein, das ist bei uns unmöglich; es müßte denn sein, daß ein An durch außergewöhnliche Zufälle all seiner Mittel beraubt worden ist und nicht auswandern kann oder nicht will und die Hilfe seiner Verwandten oder persönlichen Freunde entweder erschöpft ist oder er sich weigert, sie anzunehmen."

„Nun, warum nimmt er dann nicht die Stelle eines Kindes oder eines Automaten ein und wird Arbeiter oder Diener?"

„Nein, dann würden wir ihn für eine unglückliche, geisteskranke Person halten und ihn auf Staatskosten in ein öffentliches Gebäude bringen, wo man ihn mit aller Art Luxus und Bequemlichkeit überhäufen würde. Aber ein An läßt sich nicht gern als geisteskranken Menschen ansehen, daher sind dergleichen Fälle so selten, daß das oben erwähnte öffentliche Gebäude jetzt eine verlassene Ruine ist. Der letzte Insasse desselben war ein An, den ich mich erinnere in meiner Kindheit gesehen zu haben. Er schien sich dessen nicht bewußt zu sein, daß er den Verstand verloren hatte, und schrieb Glaubs (Gedichte). Als ich vorhin von Mangel sprach, meinte ich den Mangel, den ein An leidet, dessen große Wünsche, wie z. B. kostbare Singvögel, größere Häuser, Landsitze u. dergl. zuweilen seine Mittel übersteigen. Der beste Weg, derartige Wünsche zu befriedigen, ist, ihm etwas abzukaufen, was er feil hält. Daher sind die reichen Ana verpflichtet, allerhand zu kaufen, dessen sie nicht bedürfen, und müssen oft sehr großartig leben, trotzdem sie einen einfachen Haushalt vorzögen. So verursachen zum Beispiel die großen Räumlichkeiten meines Hauses in der Stadt meiner Frau, ja sogar mir viel Mühe; aber ich bin zu dieser unbehaglichen Größe gezwungen, weil es mir als dem reichsten An der Gemeinde zusteht, die Fremden aus anderen Gemeinden, wenn sie uns besuchen, bei mir aufzunehmen. Zweimal des Jahres kommen sie in großen Scharen. Einmal, wenn die zu bestimmten Zeiten festgesetzten Unterhandlungen stattfinden, und dann, wenn die durch das ganze Reich der Vril-ya verstreuten Verwandten sich auf einige Zeit zu einem heiteren Beisammensein einstellen. Diese Gastfreundschaft in so großem Umfange ist nicht nach meinem Geschmacke, darum würde ich glücklicher sein, wäre ich nicht so reich. Aber wir alle müssen das Los ertragen, wie es uns auf diesem kurzen Lebenswege beschieden ist. Was sind hundert Jahre mehr oder weniger im Vergleich zu dem Zeiträume, den wir im Jenseits noch zu durchschreiten haben? Glücklicherweise habe ich einen Sohn, der große Reichtümer liebt. Es ist eine seltene Ausnahme von der allgemeinen Regel, und ich gestehe, ich selbst kann es nicht begreifen."

Nach dieser Unterredung suchte ich wieder auf den Gegenstand zurückzukommen, der mir so schwer auf dem Herzen lastete, nämlich die Möglichkeit, Zee auszuweichen. Aber mein Wirt lehnte es höflich ab, dieses Gesprächsthema wieder aufzunehmen, und beorderte unser Luftschiff. Auf unserem Heimwege trafen wir Zee, die, da sie uns bei ihrer Rückkehr aus dem Colleg der Weisen nicht zu Hause fand, ihre Flügel auseinandergebreitet hatte und ausgeflogen war, uns zu suchen.

Ihr vornehmes, aber für mich wenig anziehendes Gesicht hellte sich auf, als sie mich erblickte, und sich neben dem Schiffe auf ihren großen ausgebreiteten Schwingen wiegend, sagte sie vorwurfsvoll zu Aph-Lin: „O Vater, war es recht von Dir, das Leben unseres Gastes in einem Fahrzeug zu gefährden, an das er so wenig gewöhnt ist? Er kann durch eine unvorsichtige Bewegung über Bord fallen; und ach, er hat ja keine Flügel wie wir; ein solcher Fall wäre sein Tod. Mein Geliebter!" fügte sie mit sanfterer Stimme, sich gegen mich wendend, der ich bestürzt zurückwich, hinzu, „haben Sie nicht an mich gedacht, daß Sie ein Leben so der Gefahr aussetzen konnten, das gleichsam ein Teil des meinigen geworden ist? Sei nicht wieder so unbesonnen, wenn ich nicht bei Dir bin. Wie Du mich in Angst versetzt hast."

Ich sah flüchtig nach Aph-Lin hin, in der Hoffnung, daß er seiner Tochter wenigstens Vorwürfe machen werde über diese Ausbrüche der Angst und Liebe, die man in der Oberwelt unter allen Umständen bei einem jungen Mädchen einem jungen Manne gegenüber der nicht ihr Verlobter ist, für unwürdig und unbescheiden halten würde.

Aber in jener Region sind die Frauenrechte so unantastbar, und unter diesen Rechten steht das von den Frauen als Vorrecht geforderte Werben so in erster Reihe, daß Aph-Lin so wenig daran gedacht haben würde, seiner Tochter Vorwürfe zu machen, als den Befehlen des Tur nicht Folge zu leisten. In diesem Lande ist die Sitte, wie er sagte, Alles in Allem.

Milde entgegnete er: „Zee, der Tish war in keiner Gefahr, und ich bin überzeugt, daß er sehr gut auf sich selbst Acht haben kann."

„Ich hätte lieber, er überließe es mir, Sorge für ihn zu tragen. O Herz meines Herzens, bei dem Gedanken an Deine Gefahr fühlte ich erst, wie sehr ich Dich liebe!"

Nie befand sich ein Mann in einer so fatalen Lage als ich in diesem Augenblicke. Zee sprach diese Worte so laut, daß sowohl ihr Vater als auch der Knabe, der steuerte, sie hören mußte. Ich errötete vor Scham über diese Worte um ihrer selbst willen und konnte nicht umhin, heftig zu erwidern: „Zee, entweder Sie verspotten mich, was Ihnen dem Gaste ihres Vaters gegenüber übel ansteht, oder Ihre Worte sind unpassend für eine junge Gy selbst gegen einen An ihrer eigenen Rasse, wenn er nicht mit Einwilligung ihrer Eltern um sie geworben hat. Um wie viel unpassender aber ist es, solche Worte an einen Tish zu richten, der sich nie um Ihre Neigung beworben hat und der nie andere Gefühle für Sie hegen kann als die der Achtung und Ehrfurcht!"

Aph-Lin gab mir durch ein geheimes Zeichen seine Billigung zu erkennen; aber er sagte nichts.

„Seien Sie nicht so grausam!" rief Zee aus. „Kann die Liebe sich bezwingen, wo sie aufrichtig empfindet? Glauben Sie, daß eine junge Gy ein Gefühl verbergen wird, das sie in ihren eigenen Augen erhebt? Von was für einem seltsamen Lande müssen Sie kommen!"

Hier fiel Aph-Lin freundlich ein: „Bei den Tish-a scheinen die Frauenrechte anderer Art zu sein als bei uns; jedenfalls kann sich mein Gast freier mit Dir unterhalten, wenn ihn die Gegenwart anderer nicht stört."

Auf diese Bemerkung gab Zee keine Antwort; sie warf mir einen zärtlichen, vorwurfsvollen Blick zu, bewegte ihre Flügel lebhafter und flog heimwärts.

„Ich hatte wenigstens bei den Gefahren, denen mich ihre eigene Tochter aussetzt, auf den Beistand meines Wirtes gerechnet“, sagte ich bitter.

„Ich half Ihnen so gut, als ich vermochte. Einer Gy in ihren Liebeshändeln zu widersprechen, hieße sie in ihren Vorsätzen bestärken. Zwischen sich und ihrer Liebe duldet sie keinen Rat.“

Vierundzwanzigstes Kapitel

Als wir aus dem Luftschiffe stiegen, näherte sich Aph-Lin in der Halle ein Kind mit dem Gesuche, daß er dem Leichenbegängnisse eines Verwandten, der kürzlich von dieser Unterwelt geschieden sei, beiwohnen möchte.

Da ich bei diesem Volke nie einen Begräbnisplatz oder einen Friedhof gesehen hatte und gern jede noch so traurige Gelegenheit benutzte, ein Wiederbegegnen mit Zee aufzuschieben, fragte ich Aph-Lin, ob es mir erlaubt sei, der Bestattung seines Verwandten beizuwohnen, es sei denn, daß man sie als eine jener feierlichen Zeremonien betrachte, zu der einem ihrer Rasse Fremden der Zutritt nicht gestattet sei.

„Das Ausscheiden eines An in eine glücklichere Welt“, entgegnete mein Wirt, „wenn er, wie es bei meinem Verwandten der Fall war, so lange in dieser gelebt hat, daß er die Freude daran verlor, ist eher ein zwar ruhiges, aber freudiges Fest als eine feierliche Zeremonie; und wenn Sie wollen, können Sie mich begleiten.“

Von dem kindlichen Boten geführt, schritten wir die Hauptstraße entlang einem in einiger Entfernung gelegenen Hause zu; als wir die Halle betraten, führte man uns in ein Zimmer im Erdgeschosse, wo wir mehrere Personen um ein Lager versammelt sahen, auf dem der Tote lag. Es war ein alter Mann, der, wie man mir sagte, mehr als hundertdreißig Jahre gelebt hatte. Nach dem ruhigen Lächeln auf seinem Antlitze zu urteilen, war er schmerzlos verschieden. Einer der Söhne, jetzt das Haupt der Familie, der noch im kräftigen Mannesalter zu stehen schien, obgleich er mehr als siebzig Jahre zählte, kam uns mit heiterem Gesicht entgegen und sagte zu Aph-Lin, daß sein Vater den Tag, bevor er gestorben war, im Traume seine verstorbene Gy gesehen habe und sich darnach gesehnt habe, mit ihr vereint zu sein und durch das Entgegenlächeln des ALLGÜTIGEN verjüngt zu werden.

Während die zwei miteinander sprachen, zog ein dunkler metallener Gegenstand am äußersten Ende des Zimmers meine Aufmerksamkeit auf sich. Derselbe war ungefähr zwanzig Fuß lang, verhältnismäßig schmal und ringsum geschlossen, nur oben im Deckel war ein kleines rundes Loch, durch das man ein schwaches rotes Licht schimmern sah. Aus dem Inneren drang ein starker süßer Duft. Noch während ich darüber nachdachte, welchen Zweck diese Maschine wohl haben könnte, verkündeten alle Uhren der Stadt mit ihrem feierlichen, melodischen Klang die Stunde; als dieser Ton verklungen war, drang in feierlichem Geläute eine fröhlichere, doch ruhige und gedämpfte Musik von den Wänden durch das Zimmer. Die Anwesenden stimmten einen mit dieser Melodie harmonierenden Gesang an. Die Worte der Hymne waren einfach. Sie drückten kein Bedauern, keinen Scheidegruß aus, vielmehr einen Gruß aus der neuen Welt, wohin der Verschiedene den Lebenden vorausgegangen war. In ihrer Sprache heißen diese Trauerhymnen Geburtsgesänge. Darnach wurde die Leiche, mit einem langen leinenen Gewände bedeckt, von sechs der nächsten Verwandten sanft aufgehoben und nach dem dunklen Gegenstande getragen, den ich eben beschrieben habe. Ich drängte vorwärts, um zu sehen, was weiter geschah. An der einen Seite wurde eine Art Schiebtüre geöffnet, der Leichnam hineingeschoben, die Türe wieder geschlossen. Eine Feder an der Seite wurde berührt – ein plötzlicher zischender Laut ließ sich von innen vernehmen; und da! am anderen Ende der Maschine fiel die Klappe herab und eine kleine Hand voll dampfenden Staubes fiel in eine Schale, die zu dem Zwecke hingesetzt worden war. Der Sohn nahm die Schale auf und sagte – wie ich später erfuhr, waren diese Worte die gewöhnliche Formel – : „Seht, wie groß unser SCHÖPFER ist! Dieser Handvoll Staub gab ER Form, Leben und Seele. Selbst dieses Staubes bedarf ER nicht, um dem Geliebten, den wir bald wiedersehen werden, Gestalt, Leben und Seele wiederzugeben."

Alle Anwesenden neigten das Haupt und legten die Hand aufs Herz. Darauf öffnete ein Kind eine kleine Tür in der Wand, und ich bemerkte in einer Nische Regale, auf denen viele solcher Schalen standen, wie sie der Sohn in der Hand hielt, nur hatten sie alle Deckel. Jetzt näherte sich eine Gy dem Sohne mit einem solchen Deckel, den sie auf die Schale deckte, und jener schloß sie durch eine Feder.

Auf dem Deckel waren der Name des Verstorbenen und folgende Worte eingraviert: „Uns geliehen" – hier folgte das Datum der Geburt – „Von uns zurückgefordert" – hier das Datum das Todes.

Die Tür schloß sich mit einem melodischen Ton, und alles war vorüber.

Fünfundzwanzigstes Kapitel

„Das", sagte ich, noch voll von dem eben Gesehenen, „das ist vermutlich die gewöhnliche Weise, Ihre Toten zu bestatten?"

„Unsere unveränderliche Weise", erwiderte Aph-Lin. „Wie ist sie bei Ihnen?"

„Wir senken die Leiche ganz in die Erde."

„Wie! Sie würdigen die Gestalt, die Sie geliebt und geehrt, das Weib, an dessen Brust Sie geruht haben, so weit herab, sie der Verwesung preiszugeben?"

„Was tut es, wenn die Seele wieder aufersteht, ob der Körper in der Erde zerfällt oder durch einen furchtbaren Mechanismus, ohne Zweifel durch die Kraft des Vril bearbeitet, in ein Häufchen Asche verwandelt wird?"

„Sie antworten sehr gut“, sagte mein Wirt; „es läßt sich über Gefühlssachen nicht streiten; aber mir erscheint Ihre Sitte schrecklich, widerwärtig und würde den Tod in meinen Augen mit etwas Düsterem und Entsetzlichem in Verbindung bringen. Meinem Gefühle nach hat es auch etwas für sich, wenn man das Wenige, was von unseren Verwandten und Freunden übrig geblieben ist, in den Räumen, die wir bewohnen, bewahren kann. Da fühlen wir mehr, daß sie noch fortleben, wenn auch für uns nicht sichtbar. Aber hier wie in allem richten sich unsere Empfindungen nach unseren Gewohnheiten, die nur nach den ernstesten Beratungen, denen feste Überzeugung folgt, geändert werden können. Erst dann hört der Wechsel auf, Veränderlichkeit zu sein, und wird, wenn einmal eingeführt, immer nur zum Besten sein.“

Als wir das Haus wieder erreicht hatten, rief Aph-Lin mehrere Kinder zu sich und sandte sie zu verschiedenen Freunden mit der Bitte um ihre Gegenwart bei einem Feste, das während der leichten Stunden seinem Verwandten zu Ehren, den der ALLGÜTIGE zu sich gerufen hatte, stattfinden werde. Das war die größte und heiterste Gesellschaft, der ich während meines Aufenthaltes bei den Ana beiwohnte und die sich bis in die stillen Stunden ausdehnte.

Das Gastmahl wurde in einem großen Zimmer abgehalten, das ausschließlich für besondere Gelegenheiten reserviert war. Dieses Mahl wich von unseren Belustigungen ab und war nicht ohne eine gewisse Ähnlichkeit mit den Gastmählern, die in dem üppigen Zeitalter des römischen Kaiserreiches stattgefunden haben. Es war nicht eine große, sondern eine Menge kleiner Tafeln, eine jede für acht Gäste, gedeckt. Man ist hier der Meinung, daß bei einer größeren Anzahl die Unterhaltung ermüdet und die Freundschaft abkühlt. Die Ana lachen, wie ich schon früher bemerkt habe, nie laut, aber der muntere Klang ihrer Stimmen an den verschiedenen Tafeln war ein Zeichen heiterer Unterhaltung. Da sie keine aufregenden Getränke haben und, obgleich lecker und wählerisch, doch mäßig im Essen sind, dauerte das Mahl selbst nicht lange. Die Tafeln verschwanden durch den Fußboden und darauf folgten musikalische Unterhaltungen für die, die Gefallen an ihnen fanden. Viele jedoch entfernten sich. Einige der Jüngeren flogen auf, denn die Halle war unbedeckt, und führten Lufttänze auf, andere schlenderten durch die verschiedenen Gemächer, sahen sich die Seltenheiten an, mit denen sie geschmückt waren, oder es bildeten sich Gruppen zu verschiedenen Spielen. Das beliebteste war eine Art komplizierten Schachspiels, von acht Personen gespielt. Ich mischte mich unter die Menge, aber die beständige Begleitung eines der Söhne meines Wirtes, die lästige Fragen von mir fern halten sollten, verhinderte mich daran, teil an ihrer Unterhaltung zu nehmen. Die Gäste nahmen jedoch nur wenig Notiz von mir. Sie hatten mich so oft auf der Straße gesehen, daß sie sich an meinen Anblick gewöhnt hatten und ich ihre Neugier nicht mehr erregte.

Zu meiner größten Freude mied mich Zee und suchte sichtlich dadurch meine Eifersucht zu erregen, daß sie einem sehr hübschen jungen An ihre besondere Aufmerksamkeit schenkte. Obgleich er, wie es die bescheidene Art der Männer ist, wenn sie von Frauen und Mädchen angesprochen werden, mit niedergeschlagenen Augen und errötenden Wangen antwortete und schüchtern und befangen war, wie die jungen Damen der meisten zivilisierten Länder, England und Amerika ausgenommen, die zum ersten Male in die große Welt treten, war er scheinbar sehr entzückt von der stolzen Gy und wäre sicher bereit gewesen, ein verschämtes Ja zu stammeln, wenn sie ihm ihre Hand angeboten hätte. Sehnlichst wünschend, daß sie das tun möchte, und mehr und mehr von dem Gedanken entsetzt, in ein Häufchen Asche verwandelt zu werden, nachdem ich gesehen hatte, mit welcher Schnelligkeit ein menschlicher Körper zu Staub werden kann, amüsierte ich mich damit, die anderen jungen Leute zu beobachten. Ich hatte dabei die Befriedigung, zu bemerken, daß Zee nicht die einzige Verfechterin der wertvollsten Frauenrechte war. Wohin ich auch mein Auge wandte, wohin mein Ohr lauschte, es schien mir, daß die Gy die Werberin und der An schüchtern und zurückhaltend war.

Die hübsche unschuldige Miene, die ein An zur Schau trug, wenn ihm der Hof gemacht wurde, die Geschicklichkeit, mit der er eine jede direkte Antwort auf eine Liebeserklärung vermied oder die Art wie er schmeichelhafte Komplimente in Scherz umwandelte, würden der vollendetsten Kokette zur Ehre gereicht haben.

Meine beiden Begleiter waren diesen verführerischen Einflüssen sehr unterworfen und beide taten dabei ihrem Takte und ihrer Selbstbeherrschung Ehre an.

Ich sagte zu dem Älteren, der Mechanikerarbeit der Leitung eines großen Eigentumes vorzog und überhaupt sehr ernster Natur war: „Ich kann es kaum begreifen, wie Sie in Ihrem Alter, bei dieser sinnberauschenden Musik, diesem Duft und Lichterglanz so kalt gegen diese leidenschaftliche Gy sein können, die Sie soeben mit Tränen in den Augen Ihrer Grausamkeit wegen verlassen hat."

Seufzend antwortete der junge An: „Lieber Tish, das größte Unglück im Leben ist, eine Gy zu heiraten, wenn man eine andere liebt."

„Ah, Sie lieben eine andere?"

„Leider, ja!"

„Und Sie erwidert Ihre Liebe nicht?"

„Ich weiß es nicht. Zuweilen läßt ein Blick, ein Wort mich es hoffen; aber nie hat sie mir direkt gesagt, daß sie mich liebt."

„Haben Sie ihr nicht ins Ohr geflüstert, daß Sie sie lieben?",

„Pfui! Wie können Sie so etwas denken! Aus was für einer Welt kommen Sie? Wie könnte ich die Würde meines Geschlechtes so verraten? Wie könnte ich so un-anlich, so ehrvergessen sein, einer Gy meine Liebe zu gestehen, bevor sie mir die ihre gestanden hat?"

„Verzeihen Sie, ich wußte nicht, daß Sie die Bescheidenheit Ihres Geschlechtes so weit treiben. Sagt nie ein An zu einer Gy: ›Ich liebe Dich‹, bevor sie es zu ihm gesagt hat?"

„Behaupten kann ich das nicht; wenn das aber ein An jemals tut, ist er in den Augen der Ana entehrt und von den Gy-ei im Geheimen verachtet. Keine eingebildete Gy würde sich mit ihm befassen; in ihren Augen wäre er schamlos in die Rechte ihres Geschlechtes eingedrungen und hätte die

Bescheidenheit seines eigenen beleidigt. Es ist sehr ärgerlich“, fuhr der An fort, „denn die, die ich liebe, hat keinem anderen den Hof gemacht; das gibt mir Grund zu glauben, daß sie mich liebt. Zuweilen habe ich sie im Verdacht, daß sie nicht um mich anhält, weil sie fürchtet, daß ich unvernünftige Anforderungen in Bezug auf die Abtretung ihrer Rechte stellen könnte. Wenn dem so ist, kann sie mich nicht wahrhaft lieben, da gibt sie alle Rechte auf.“

„Ist diese junge Gy hier zugegen?“

„O gewiß. Sie sitzt dort und plaudert mit meiner Mutter.“

Ich sah nach der gegebenen Richtung hin und bemerkte eine Gy in brennend rotem Kleid, bei diesem Volke ein Zeichen, daß eine Gy noch ledigen Stand vorzieht. Grau, eine neutrale Farbe, trägt sie, um damit zu sagen, daß sie sich nach einem Gatten umsieht, Dunkelrot, wenn sie kund tun will, daß sie eine Wahl getroffen, Purpurn und Orangegelb, wenn sie verlobt oder vermählt ist, Hellblau, wenn sie geschieden oder Witwe ist und sich wieder verheiraten will; doch diese Farbe wird nur selten gesehen.

Unter einem Volke, das an und für sich schön ist, ist es schwer, jemand ganz besonders Schönes herauszufinden. Die von meinem jungen Freund Erkorene stach durch ihr Äußeres nicht besonders hervor, aber es lag ein Ausdruck auf ihrem Gesichte, der mir besser gefiel als der der anderen jungen Gy-ei im Allgemeinen; sie sah weniger kühn, weniger selbstbewußt aus. Ich bemerkte, daß, während sie mit Bra sprach, sie von Zeit zu Zeit seitwärts nach meinem Freund hinblickte.

„Mut“, sagte ich, „diese junge Gy liebt Sie.“

„Was hilft mir ihre Liebe, wenn sie sie mir nicht gesteht?“

„Weiß Ihre Mutter von Ihrer Neigung?“

„Möglich. Ich gestand sie ihr nie. Es wäre unmännlich, einer Mutter eine solche Schwäche zugestehen. Ich hab es meinem Vater gesagt, er mag es seiner Frau wiedersagen.“

„Erlauben Sie mir, daß ich sie einen Augenblick verlasse und hinter Ihre Mutter und Ihre Geliebte trete? Ich bin überzeugt, sie sprechen von Ihnen. Zögern Sie nicht. Ich gebe Ihnen das Versprechen, mich, bis ich wieder bei Ihnen bin, keinerlei Fragen auszusetzen."

Der junge An preßte die Hand aufs Herz, berührte leicht meine Stirn und erlaubte mir, ihn zu verlassen. Unbemerkt glitt ich hinter seine Mutter und seine Geliebte und hörte ihrem Gespräche zu.

Bra sprach gerade, sie meinte:"Darüber kann kein Zweifel sein, entweder wird mein Sohn, wo er das heiratsfähige Alter erreicht hat, von einer seiner vielen Verehrerinnen zur Ehe begehrt, oder er schließt sich denen an, die in die weite Ferne auswandern, und wir sehen ihn niemals wieder. Wenn Sie ihn wirklich lieb haben, meine liebe Lo, sollten Sie um seine Hand werben."

„Ich liebe ihn, Bra aber ich zweifle, ob ich je seine Gegenliebe gewinnen werde. Er schwärmt für seine Erfindungen und Uhren, und ich bin nicht wie Zee; ich bin so unwissend, daß ich fürchte, nicht auf seine Lieblingsinteressen eingehen zu können, dann würde er meiner bald müde werden, und sich nach Ablauf von drei Jahren von mir trennen, und nie könnte ich einen anderen heiraten, nie!"

„Es ist nicht notwendig, sich auf Uhren zu verstehen, um zu wissen wie man sich dem Glücke eines Mannes unentbehrlich macht, der die Uhren so liebt, daß er sich um ihretwillen von seiner Gy trennen würde. Sie sehen, meine liebe Lo", fuhr Bra fort, „daß wir, gerade weil wir das stärkere Geschlecht sind, das andere beherrschen, vorausgesetzt, daß wir ihm unsere Macht nie zeigen. Wenn Sie besser verständen als mein Sohn, Uhren und Automaten zu machen, würden Sie als seine Frau ihn immer glauben machen, daß Sie wähnen, ihm in dieser Kunst überlegen zu sein. Stillschweigend gesteht der An der Gy den Vorrang zu, außer in seinen eigenen speziellen Geschäften. Wenn sie ihm hierin entweder überlegen ist oder seinen Verbesserungen darin keine Bewunderung zollt, wird seine Liebe nicht von langer Dauer sein; vielleicht auch, daß er sich von ihr trennt. Aber wo eine Gy aufrichtig liebt, lernt sie auch bald das lieb gewinnen, was dem An wert ist."

Die junge Gy erwiderte nichts auf diese Worte. Sinnend blickte sie vor sich nieder, dann spielte ein Lächeln um ihre Lippen, stillschweigend erhob sie sich, durchschritt die Menge und trat zu dem jungen An, der sie liebte. Ich folgte ihren Schritten, blieb aber diskret in einiger Entfernung stehen und beobachtete sie. Zu meiner Überraschung, bis ich mich der zurückhaltenden Art der Ana dieses Volkes erinnerte, bemerkte ich, daß der Liebende ihr Entgegenkommen mit anscheinender Gleichgültigkeit aufzunehmen schien. Ja, er ging sogar ein paar Schritte weiter, sie aber folgte ihm und kurze Zeit darauf breiteten beide ihre Flügel aus und verschwanden oben in dem hellen Raume.

In demselben Augenblicke trat der oberste Magistrat, der sich zwischen die Menge mischte, ohne durch Zeichen von Huldigungen oder Ehrerbietung aufzufallen, auf mich zu. Zufällig hatte ich diesen großen Würdenträger seit dem Tage, an dem ich sein Reich betreten hatte, nicht wiedergesehen. Als mich jetzt Aph-Lins Worte daran erinnerten, daß dieser Mann geschwankt hatte, ob ich zergliedert werden sollte oder nicht, da durchrieselte mich ein Schauder bei dem Anblicke dieses ruhigen Antlitzes.

„Ich höre durch meinen Sohn Taë viel von Ihnen, Fremdling", sagte der Tur und legte seine Hand höflich auf mein geneigtes Haupt; „er hängt sehr an Ihnen und ich hoffe, die Sitten unseres Volkes mißfallen Ihnen nicht."

Ich murmelte eine unverständliche Antwort, die eine Versicherung meiner Dankbarkeit für die Güte, die der Tur mir hatte zu Teil werden lassen, und meiner Bewunderung seiner Landsleute ausdrücken sollte, aber im Geiste sah ich das Seziermesser vor meinen Augen blinken und das erstickte mir die Worte in der Kehle. Eine weichere Stimme sagte: „Der Freund meines Bruders muß auch mein Freund sein." Und als ich aufblickte, sah ich eine junge Gy von ungefähr sechzehn Jahren, die neben dem Magistrat stand und mich mit wohlwollenden Blicken betrachtete. Noch hatte sie ihre volle Größe nicht erreicht. Sie war kaum größer als ich selbst, ungefähr fünf Fuß zehn Zoll, und dank dieser verhältnißmäßig kleinen Gestalt, war sie in meinen Augen die reizendste Gy, die ich bisher gesehen hatte. Etwas in meinem Blicke mußte ihr diesen Eindruck verraten haben, denn ihre Miene wurde noch gütiger.

„Wie Taë mir sagt," fuhr sie fort, „haben Sie sich noch nicht daran gewöhnen können, die Flügel zu benutzen. Das tut mir leid, gern hätte ich einen Ausflug mit Ihnen gemacht."

„Ach", erwiderte ich, „leider habe ich keine Hoffnung, dieses Glück zu genießen, denn wie mir Zee versicherte, ist die gefahrlose Benutzung der Flügel eine angeborene Gabe und es würde Jahrhunderte dauern, bevor einer meiner Rasse sich wie ein Vogel würde in den Lüften wiegen können."

„Lassen Sie sich das nicht so sehr zu Herzen gehen," erwiderte diese liebenswürdige Prinzessin; „es muß auch der Tag kommen, wo Zee und ich selbst für immer auf unsere Flügel verzichten müssen. Vielleicht werden wir, wenn dieser Tag kommt, froh sein, wenn der An unserer Wahl auch ohne Flügel ist."

Der Tur hatte uns verlassen und sich zwischen der Menge verloren. Ich fing an mich in der Unterhaltung mit Taës reizender Schwester wohl zu fühlen, und sie stutzte ein wenig über die Kühnheit meines Komplimentes, als ich ihr entgegnete, daß kein An, der sie erwählen werde, seine Schwingen je dazu benutzen würde, um zu entfliegen. Es ist so gegen die dortige Sitte, daß kein An einer Gy höfliche Worte sagt, bis sie ihm ihre Liebe erklärt und ihn als ihren Verlobten angenommen hat, daß das junge Mädchen für einen Augenblick verblüfft dastand. Nichtsdestoweniger schien sie nicht unangenehm berührt davon zu sein. Bald hatte sie sich von ihrem Erstaunen erholt und forderte mich auf, sie in eines der weniger belebten Zimmer zu begleiten und dort dem Gesange der Vögel zu lauschen. Ich folgte ihr. Sie schritt mir voran in ein fast leeres Zimmer. In der Mitte desselben spielte eine Naphthafontaine, ringsherum reihten sich weiche Divans. Auf der einen Seite des Zimmers war die Wand offen und führte in ein Vogelhaus, in dem Vögel ihre kunstvollen

Chöre sangen. Die Gy setzte sich auf einen der Divans, und ich nahm neben ihr Platz. „Taë sagte mir“, hob sie an, „daß Aph-Lin es in seinem Hause zum Gesetze gemacht hat, Niemand solle Sie über das Land, aus dem Sie kommen, oder über den Grund, weshalb Sie bei uns sind, befragen. Ist dem so?“

„Ja, so ist's.“

„Darf ich wenigstens, ohne gegen dieses Gesetz zu sündigen, fragen, ob die Gy-ei in Ihrem Lande dieselbe matte Gesichtsfarbe haben wie Sie und ob sie nicht größer sind?“

„Ich glaube nicht, schöne Gy, daß ich das Gesetz Aph-Lins überschritte, das mich mehr als jeden anderen bindet, wenn ich so unschuldige Fragen beantworte. Die Gy-ei in meinem Lande haben eine viel schönere Gesichtsfarbe als ich und ihre gewöhnliche Größe ist mindestens um einen Kopf kleiner als die meinige.“

„Da können sie aber auch nicht so stark sein als die Ana bei Ihnen? Vermutlich gleicht ihre überlegene Vrilkraft den ungewöhnlichen Nachteil in der Größe wieder aus?“

„Sie besitzen keine Vrilkraft, wie Sie sie kennen; doch auch in unserem Lande sind sie sehr mächtig, und ein An hat wenig Hoffnung auf ein glückliches Leben, wenn er sich nicht mehr oder minder von seiner Gy beherrschen läßt.“

„Sie sprechen aus dem Herzen,“ entgegnete Taës Schwester in einem halb traurigen, halb mutwilligen Tone. „Sie sind natürlich verheiratet?“

„Nein, gewiß nicht.“

„Auch nicht verlobt?“

„Auch nicht verlobt.“

„Ist es möglich, daß keine Gy um Sie geworben hat?“

„In meinem Lande wirbt nicht die Gy, da spricht der An zuerst.“

„Welch eine sonderbare Verkehrung der Natur“, sagte sie, „und welch ein Mangel an Bescheidenheit bei Ihrem Geschlechte. Aber Sie haben nie um eine Gy angehalten, nie eine lieber gehabt als die anderen?

Ich geriet bei dieser ungenierten Frage in Verlegenheit und sagte: „Verzeihen Sie, aber ich glaube, wir fangen an Aph-Lins Gebot zu übertreten. Nur das Eine will ich Ihnen als Antwort sagen, aber dann bitte ich, mich nicht weiter zu fragen. Einst gab ich einer den Vorzug, ich hielt um ihre Hand an, und die Gy würde gern ihr Jawort gegeben haben, aber ihre Eltern versagten ihre Einwilligung.“

„Ihre Eltern! Wollen Sie damit im Ernste sagen, daß Eltern sich in die Heiratsangelegenheiten ihrer Töchter mischen können?“

„Gewiß können sie das und sie tun es sogar sehr oft.“

„In dem Land möchte ich nicht leben“, entgegnete die Gy einfach; „aber ich hoffe, Sie gehen nicht wieder dahin zurück.“

Schweigend senkte ich den Kopf. Sanft hob die Gy mein Gesicht mit ihrer Rechten und blickte mich zärtlich an. „Bleiben Sie bei uns“, sagte sie, „bleiben Sie bei uns und lassen Sie sich lieben.“

Noch zittere ich, wenn ich daran denke, was ich hätte antworten können, welchen Gefahren, zu Staub verwandelt zu werden, ich mich ausgesetzt hätte, als das Licht der Naphthafontaine durch den Schatten von Flügeln verdunkelt wurde, Zee durch das offene Dach geflogen kam und sich neben uns niederließ. Sie sprach kein Wort, aber erfaßte mit ihrer großen Hand meinen Arm, zog mich mit sich fort wie eine Mutter ihr unartiges Kind und führte mich durch eine Reihe von Gemächern nach einem der Korridore, von dem aus wir durch den Mechanismus, den sie gewöhnlich Treppen vorziehen, in mein eigenes Zimmer gelangte. Als wir dieses erreicht hatten, hauchte Zee auf meine Stirn, berührte meine Brust mit ihrem Stabe und augenblicklich versank ich in einen tiefen Schlaf.

Als ich nach einigen Stunden erwachte und den Gesang der Vögel in dem anstoßenden Vogelhause hörte, da kehrte die Erinnerung an Taës Schwester, an ihre sanften Blicke und zärtlichen Worte lebhaft zurück. Es ist unmöglich für jemand, der in den höheren Ständen unserer Oberwelt geboren und erzogen worden ist, sich von allen Gedanken, die von Ehrgeiz und Eitelkeit diktiert sind, loszumachen, daß ich bald ganz instinktmäßig stolze Luftschlösser baute. „Das ist klar“, dachte ich bei mir, „daß, obgleich ich ein Tish bin, Zee nicht die einzige Gy ist, die von meinem Äußeren gefesselt ist. Offenbar liebt mich eine Prinzessin, das erste junge Mädchen des Landes, die Tochter des Alleinherrschers, dessen Autorität sie vergeblich unter dem republikanischen Titel oberster Magistrat zu verbergen suchen. Ohne das plötzliche Dazwischenkommen dieser furchtbaren Zee würde diese königliche junge Dame mir in aller Form ihre Hand angetragen haben; und wenn auch Aph-Lin, der nur ein untergeordneter Minister, nur der Beleuchtungsverwalter ist, ganz recht getan haben mag, mir mit Vernichtung zu drohen, wenn ich seiner Tochter Hand annähme, so könnte doch ein Herrscher, dessen Wort Gesetz ist, die Gemeinde zwingen, einen Brauch aufzuheben, der eine Verbindung mit einem aus einer fremden Rasse verbietet, ein Brauch, der schon in sich ein Widerspruch ihrer gerühmten Gleichheit im Range ist.

Es läßt sich nicht annehmen, daß seine Tochter, die mit so ungläubigem Hohne über das Einmischen der Eltern sprach, nicht so viel Einfluß auf ihren königlichen Vater haben sollte, um mich vor dem Verbrennen, wozu Aph-Lin mich verdammen würde, zu retten. Und wenn ich durch eine solche Verbindung erhöht würde, wer weiß, ob mich der Monarch nicht zu seinem Nachfolger erwählte. Und warum nicht? Wenige unter diesem indolenten Philosophengeschlechte lieben die Last solcher Größe. Vielleicht sähen es alle gerne, wenn die höchste Macht in die Hände eines völlig Fremden gelegt würde, der die verschiedenen Sitten und Gebräuche anderer Länder kennt. Und welche Änderungen würde ich treffen, wenn ich erst einmal gewählt wäre! Wie viel mehr Abwechslung würde meine Bekanntschaft mit den zivilisierten Nationen der Oberwelt in das wohl angenehme, aber gar zu einförmige Leben dieses Reiches bringen! Ich schwärme für die Jagd. Ist nicht nächst dem Kriege die Jagd eines Königs Zeitvertreib? Welchen Reichtum an dem verschiedensten fremdartigen Wilde besitzt diese Unterwelt! Wie interessant, Tiere schießen zu können, die man auf der Oberwelt vor der Sintflut kannte! Aber wie? Mit diesem furchtbaren Vril, den ich aus Mangel an angeborener Fähigkeit niemals zu benutzen lernen würde. Nein, aber mit einem bequemen Hinterlader, den diese geschickten Mechaniker nicht nur werden machen, sondern ohne Zweifel auch werden verbessern können. Ja, ich erinnerte mich, einen im Museum gesehen zu haben. Den Vril würde ich als unumschränkter König ganz abschaffen, außer in Kriegszeiten. Apropos, vom Kriege! Es ist ganz unvernünftig, ein so intelligentes, ein so reiches und so gut bewaffnetes Volk auf eine so kleine Bodenfläche, die für zehn- bis zwölftausend Familien hinreichend sein mag, zu beschränken. Ist diese Einschränkung nicht eine bloße philosophische Grille, die mit dem Streben der menschlichen Natur in Widerspruch steht, ähnlich wie sie von dem verstorbenen Robert Owen auf der Oberwelt versucht wurde, aber gänzlich fehlgeschlagen ist? Natürlich würde man nicht gegen einen Nachbarstaat in den Krieg ziehen, dessen Heer ebenso gut bewaffnet ist wie unsere eigenen Leute; aber wie wäre es mit den Regionen, die von Rassen bewohnt sind, denen Vril unbekannt ist und die in ihren demokratischen Einrichtungen anscheinend meinen amerikanischen Landsleuten ähnlich zu sein scheinen? Bei ihnen könnte man, ohne unsere Verbündeten, die Vril-Nationen, zu beleidigen, eindringen, sich ihres Gebietes bemächtigen, die untere Welt dadurch vielleicht bis in die fernsten Regionen ausdehnen und so über ein Reich herrschen, in dem die Sonne niemals untergeht. (Ich vergaß in meiner Begeisterung, daß in jenen unterirdischen Regionen überhaupt keine Sonne schien, die untergehen konnte.) Was den phantastischen Begriff anbelangt, daß keiner hervorragenden Persönlichkeit Ruhm und hohe Ehren eingeräumt werden dürften, weil durch Streben nach Ehrenbezeigungen Streitigkeiten erzeugt, böse Leidenschaften angespornt und das Glück des Friedens zerstört werden würde, so steht er nicht nur mit dem Triebe der Menschen in Widerspruch, sondern auch mit denen der Tiere, die, wenn bezähmbar, das Gefühl des Lobes und des Strebens mit den Menschen teilen. Welch ein Ruhm würde einem König zufallen, der sein Reich so vergrößerte! Man würde mich für einen Halbgott ansehen!“

Als ich nun in meinem Fanatismus überlegte, wie ich dieses Leben nach einem anderen regeln könnte, das wir Christen für das einzig richtige halten, aber nie einer näheren Prüfung unterworfen haben, sah ich ein, daß unsere aufgeklärte Philosophie mich zwang, eine unchristliche Religion abzuschaffen, deren Aberglauben in so großem Widerspruche mit unseren modernen Ansichten und praktischen Ausübungen stand.

Als ich über diese verschiedenen Projekte nachsann, fühlte ich, wie gern ich meine geistigen Kräfte in dem Augenblicke mit einem Glas Whisky mit Wasser angefeuert hätte. Nicht, daß ich für gewöhnlich ein großer Liebhaber geistiger Getränke gewesen wäre, aber es gibt Zeiten, wo ein derartiger kleiner Sporn alkoholischen Geistes und eine Zigarre die Einbildungskraft beleben, Ja, sicher konnte man aus diesen Kräutern und Früchten einen Saft ziehen, aus dem ein angenehmes weinartiges Getränk zu bereiten wäre; und das genossen mit einem Stücke, aus einem dieser Elentiere geschnitten – diese Beleidigung der Wissenschaft, Fleisch, die unsere ersten Mediziner einstimmig als notwendig für die Konstitution des Menschen ansehen, als Nahrungsstoff zu verwerfen! – Welch fröhliche Stunde könnte man so beim Mittagsmahle verbringen! Wenn ich erst König bin, werde ich auch statt dieser altertümlichen von Kindern gespielten Dramen, unsere neuen Opern und ein corps de ballet einführen, für das man unter den Nationen, die ich erobern werde, junge Mädchen finden wird, die nicht so kolossal wie die Gy-ei, nicht mit Vril bewaffnet sind und nicht wie diese darauf bestehen, daß man sie heirate.

Ich war so vollständig in diese und ähnliche politische, soziale und moralische Reformen vertieft, die darauf berechnet waren, dem Volke der Unterwelt den Segen einer Zivilisation zu erteilen, wie sie das Geschlecht der Oberwelt kennt, daß ich nicht eher bemerkte, daß Zee das Zimmer betreten hatte, bis ich einen tiefen Seufzer vernahm und, als ich die Augen aufschlug, sie an meinem Lager stehen sah.

Ich brauche wohl nicht erst zu sagen, daß eine Gy, den Sitten dieses Volkes gemäß, ohne daß es für unanständig angesehen wird, einen An in seinem Zimmer besuchen kann, obgleich man einen An für im höchsten Grade dreist und unbescheiden halten würde, wenn er das Zimmer einer

Gy beträte, ohne vorher ihre besondere Erlaubnis dazu erhalten zu haben. Glücklicherweise war ich noch in der vollständigen Bekleidung, in der mich Zee auf dieses Lager niedergelegt hatte. Nichtsdestoweniger war ich über ihren Besuch sehr ärgerlich und zugleich bestürzt und fragte sie in barschem Tone, was sie wünsche.

„Sprechen Sie sanft, mein Geliebter, ich bitte Sie“, sagte sie, „denn ich bin sehr unglücklich. Ich habe nicht geschlafen, seit wir uns voneinander trennten.“

„Wohl will ich glauben, daß ein ruhiges Nachdenken über Ihr unanständiges Betragen gegen mich, als den Gast Ihres Vaters, hinreicht, den Schlaf von Ihren Augen zu bannen. Wo war die Liebe, die Sie, wie Sie sagen, für mich hegen, wo war selbst die Höflichkeit, auf die die Vril-ya so stolz sind, als Sie, Vorteile ziehend sowohl aus den physischen Kräften, in denen hier in diesen seltsamen Regionen Ihr Geschlecht dem unserigen überlegen ist, wie auch aus jenen verächtlichen und unheiligen Mächten, die die Kraft des Vril Ihren Augen und Fingerspitzen verleiht, als Sie mich vor allen Gästen, vor Ihrer königlichen Hoheit, ich meine die Tochter Ihres eigenen obersten Magistrates, der Demütigung aussetzten, mich wie ein ungezogenes Kind fort zu Bett zu tragen und mich, ohne, mich vorher um Erlaubnis zu fragen, in Schlaf zu versenken?“

„Undankbarer! Werfen Sie mir die Beweise meiner Liebe vor? Können Sie glauben, daß ich gleichgültig sein könnte für die Gefahren, denen die verwegenen Eröffnungen dieses einfältigen jungen Kindes Sie aussetzen, selbst wenn mich nicht die Eifersucht dazu triebe, die immer die Liebe begleitet, bis sie vor einem seligen Vertrauen schwindet, wenn das Herz, nach dem wir uns gesehnt haben, gewonnen ist.“

„Halt! Da Sie selbst das Gespräch darauf führen, darf ich mir wohl erlauben, Ihnen zu sagen, daß mir die größte Gefahr von Ihnen selbst droht oder wenigstens drohen würde, wenn ich an Ihre Liebe glaubte und Ihren Werbungen Gehör schenkte. Ihr Vater hat mir offen gesagt, daß ich in diesem Falle zu Asche verbrannt würde, mit so wenig Erbarmen, als ob ich das Ungetüm wäre, das Taë mit einem Blitze aus seinem Stabe in Staub verwandelt hat.“

„Lassen Sie in dieser Furcht nicht Ihr Herz gegen mich erkalten!“ rief sie aus, sank auf die Kniee und ihre große Hand erfaßte meine Rechte. „Ja, es ist wahr, daß wir zwei uns nicht angehören können wie die aus derselben Rasse; es ist wahr, daß die Liebe zwischen uns rein sein muß wie die, die nach unserem Glauben zwischen Liebenden besteht, die sich in dem neuen Leben jenseits der Grenze wo das alte endigt, vereinigen. Ist es nicht genug des Glückes, beisammen, im Geist und Herzen verbunden zu sein? Hören Sie! Soeben komme ich von meinem Vater. Er willigt unter dieser Bedingung in unsere Verbindung. Ich habe genügend Einfluß im Colleg der Weisen, mich ihres Gesuches an den Tur zu versichern, daß er der freien Wahl einer Gy nichts in den Weg lege, vorausgesetzt, daß ihre Verbindung mit einem aus einer anderen Rasse nur eine Verbindung der Seelen sei. O glauben Sie, daß wahre Liebe einer unedlen Vereinigung bedarf? Ich strebe nicht nur darnach, dieses Leben an Ihrer Seite zuzubringen, Ihre Freuden und Leiden hienieden mit Ihnen zu teilen, ich fordere ein Band, das uns auf ewig in der Welt der Unsterblichen miteinander verbinden wird. Verstoßen Sie mich?“

Kniend sprach sie diese Worte, und der Ausdruck ihrer Züge nahm einen ganz anderen Charakter an; aller Ernst wich von ihrem Antlitz. Ein göttlicher unsterblicher Strahl leuchtete aus dieser menschlichen Schönheit. Aber sie flößte mir eher Ehrfurcht wie vor einem Engel ein, als daß sie mich als Weib gerührt hätte. Nachdem ich einen Augenblick verlegen geschwiegen hatte, stammelte ich ausweichend ein paar Worte der Dankbarkeit und suchte so zart, als ich vermochte, hervorzuheben, welch demütigende Stellung ich unter ihrer Rasse als ein Gatte einnehmen würde, dem nie der Name Vater erlaubt wäre.

„Aber“, sagte Zee, „diese Gemeinde bildet nicht die ganze Welt. Um Deinetwillen will ich auf mein Land und auf mein Volk verzichten. Wir wollen in irgend eine Region fliehen, wo du sicher bist. Ich bin stark genug, um Dich auf meinen Flügeln durch die Wüsten, die wir auf unserem Wege durchziehen müssen, tragen zu können. Ich bin geschickt genug, um Felsen spalten zu können, damit wir uns in ihren Schluchten eine Heimat gründen. Einsamkeit und eine Hütte mit Dir ist für mich Gesellschaft und das Weltall. Oder willst Du zurückkehren in Deine eigene Welt, die unbestimmten Witterungen ausgesetzt ist und nur von veränderlichen Himmelskörpern, die Deiner Beschreibung nach den unbeständigen Charakter jener wilden Regionen verursachen, erleuchtet wird? Wenn dem so ist, so sprich ein Wort, und ich will den Weg zu Deiner Rückkehr erzwingen und dort Deine Genossin sein, wenn auch dort wie hier nur Gefährtin Deiner Seele und ich will Dich begleiten in jene Welt, wo es keine Trennung, keinen Tod gibt."

Ich war tief ergriffen von dieser reinen und zugleich leidenschaftlichen Zärtlichkeit, mit der diese Worte gesprochen wurden, und der Stimme, die den rauhesten Tönen in der rohesten Sprache einen sanften Klang verliehen hätte. Für einen Augenblick hatte ich den Gedanken, daß ich Zees Macht benutzen wollte, um rasch und gefahrlos in die Oberwelt zurückkehren zu können. Aber ein kurze Zeit der Überlegung genügte, um mir zu sagen, wie niedrig und ehrlos es von mir wäre, eine so tiefe Ergebung damit zu vergelten, daß ich eine Gy von ihrem Volke und einer Heimat fortlocken wollte, in der man mich so gastfreundlich aufgenommen hatte. Unsere Welt mußte ihrem Wesen zuwider sein, und, um ihrer geistigen Liebe willen, konnte ich mich nicht entschließen, auf eine menschliche, die nicht so hoch über meinem sündigen Selbst stand, zu verzichten. Mit diesem Pflichtgefühle gegen die Gy verband sich noch ein anderes gegen die ganze Rasse, der ich angehörte. Konnte ich wagen, ein Wesen in die Oberwelt einzuführen, das so furchtbare Gaben besaß, ein Wesen, das mit einer einzigen Bewegung seines Stabes in weniger als einer Stunde New-York und seine glorreichen Koom-Posh in ein Häufchen Asche umzuwandeln vermochte? Beraubte man sie des einen Stabes, würde sie mit ihren Kenntnissen leicht einen anderen angefertigt haben, denn von der Kraft der tödlichen Blitze, mit der diese zarte Maschine geladen war, war ihr ganzes Sein durchdrungen. Konnte sie, die Städten und Völkern der oberen Welt so gefährlich war, mir eine sichere Gefährtin sein, im Falle ihre Liebe einen Wechsel erleiden oder durch

Eifersucht verbittert werden sollte? Diese Gedanken, die sich in wenigen Worten schwer ausdrücken lassen, schossen mir rasch durch den Kopf und entschieden meine Antwort.

„Zee“, sagte ich in dem sanftesten Tone, den ich anzuschlagen vermochte, und preßte meine Lippen ehrfurchtsvoll auf die Hand, in der die meinige verschwand, „Zee, ich kann keine Worte finden, um zu sagen, wie tief ich gerührt bin und wie hochgeehrt ich mich durch eine so uneigennützige und aufopfernde Liebe fühle. Ich kann sie nicht besser erwidern als durch volle Aufrichtigkeit. Jede Nation hat ihre Sitten und Gebräuche. Der Brauch der Ihrigen gestattet Ihnen nicht, sich mit mir zu vermählen; ebenso widersetzen sich die Sitten meiner Nation einer Verbindung zweier so ganz verschiedener Rassen. Andererseits kann ich, obgleich es mir bei meinem eigenen Volke oder in mir bekannten Gefahren nicht an Mut gebricht, nicht ohne einen Schauder des Entsetzens daran denken, mir ein bräutliches Daheim im Herzen einer Einöde zu bauen. Von allen Elementen der Natur, Feuer, Wasser und mephitischen Gasen, die in stetem Kampfe miteinander sind, umgeben zu sein, mit dem Bewußtsein, daß, während Sie damit beschäftigt sind, Felsen zu spalten oder Vril in die Lampen zu leiten, ich von einem Krek, den Sie durch Ihre Arbeiten aus seinem Schlupfwinkel aufgescheucht haben, verschlungen werden kann. Ich, nur ein Tish, verdiene nicht die Liebe einer so schönen, so gelehrten und mächtigen Gy wie Sie es sind. Ja, ich verdiene eine solche Liebe nicht, denn ich kann sie nicht erwidern.“

Zee ließ meine Hand los, erhob sich aus ihrer knienden Stellung und wandte das Gesicht ab, um ihre Bewegung zu verbergen, dann glitt sie geräuschlos aus dem Zimmer, auf der Türschwelle blieb sie stehen. Plötzlich, wie von einem neuen Gedanken bewegt, kehrte sie wieder zu mir zurück und sagte in flüsterndem Tone:

„Sie sagten mir, Sie wollten ganz offen reden. So beantworten Sie mir denn aufrichtig diese eine Frage. Wenn Sie mich nicht lieben können, so lieben Sie eine andere?“

„Nein, wahrlich nicht.“

„Sie lieben Taës Schwester nicht?“

„Ich sah sie gestern abend zum ersten male.“

„Das ist keine Antwort. Die Liebe ist rascher als der Vril. Sie zögern es mir zu sagen. Glauben Sie nicht, daß Eifersucht allein mich veranlaßt, Sie zu warnen. Wenn des Turs Tochter Ihnen ihre Liebe erklärt, wenn sie in ihrer Unwissenheit ihrem Vater gegenüber eine Neigung erwähnt, die ihn in seinem Glauben bestätigt, daß sie um Sie werben will, dann bleibt ihm keine Wahl, als Ihren augenblicklichen Tod zu fordern, da ihm besonders die Pflicht obliegt, das Wohl der Gemeinde im Auge zu haben. Er kann es nicht gestatten, daß sich eine Tochter der Vril-ya mit einem Sohne der Tish-a verbindet, es sei denn, daß sich diese Vermählung nur auf eine Vereinigung der Seelen beschränkt. Ach, für Sie gäbe es dann kein Entkommen! Sie hat nicht Kraft genug, Sie auf ihren Flügeln durch die Lüfte zu tragen; ihre Kenntnisse reichen nicht hin, eine Heimat in der Wildnis zu schaffen. Glauben Sie mir, hier schweigt meine Eifersucht und nur meine Freundschaft spricht.“ Mit diesen Worten verließ mich Zee. Und als ich sie mir in die Erinnerung rief, da dachte ich weder daran, den Thron der Vril-ya zu besteigen, noch an die politischen, sozialen und moralischen Reformen, die ich als Alleinherrscher einführen würde.

Sechsundzwanzigstes Kapitel

Nach dieser Unterhaltung mit Zee versank ich in eine tiefe Schwermut. Das rege Interesse, womit ich bisher das Leben und die Sitten dieser seltsamen Gemeinde betrachtet hatte, verschwand. Ich konnte mir den Gedanken nicht aus dem Sinne schlagen, daß ich bei einem Volke war, das, so gütig und liebenswürdig es auch war, mich doch in jedem Augenblicke ohne Bedenken und Reue vernichten konnte. Das friedliche und tugendhafte Leben dieser Menschen, das mir, solange es mir neu war, als ein heiliger Gegensatz zu den Streitigkeiten, den Leidenschaften und Lastern der Oberwelt erschienen war, fing an in seiner Düsterkeit und Einförmigkeit schwer auf mir zu lasten. Selbst die Ruhe der glänzenden

Luft wirkte niederdrückend auf meine Sinne. Ich sehnte mich nach einer Abwechslung, selbst nach Winter, Sturm oder Dunkelheit. Ich begann zu fühlen, daß wir Sterblichen der Oberwelt, trotz unserer Träume von Vervollkommnung, unserem ruhelosen Trachten nach einem besseren, höheren und ruhigeren Leben, nicht dazu erzogen sind, noch dazu passen, uns lange der Glückseligkeit zu freuen, von der wir träumten, nach der wir trachteten.

Seltsam war es, zu bemerken, wie dieser Sozialstaat der Vril-ya darnach strebte, fast alles das in einem Systeme zu verbinden und zu vereinigen, was die verschiedenen Philosophen der Oberwelt den menschlichen Hoffnungen als das Ideal des geträumten Schlaraffenlandes ausmalen. Es war ein Staat, in dem Krieg mit all seinen Trübsalen unmöglich war, ein Staat, in dem allen und jedem die Freiheit in vollstem Grade zu Teil wurde, ohne jene Erbitterungen, die die Freiheit in der Oberwelt von fortwährenden Streitigkeiten feindlicher Parteien abhängig machen. Hier war das Laster, das die Demokratien herabwürdigt, ebenso unbekannt wie die Unzufriedenheit, die die Throne der Monarchien untergräbt. Nicht Gleichheit ist hier die Triebkraft sondern Wirklichkeit. Die Reichen wurden nicht verfolgt, weil man sie nicht beneidete. Hier wurden jene Rätsel in bezug auf die Tätigkeit einer arbeitenden Klasse, die bisher oberhalb der Erde unauflösbar waren und zu der größten Verbitterung zwischen den verschiedenen Klassen führten, auf die einfachste Weise gelöst: man sah vollständig von einer besonderen Arbeiterklasse ab. Mechanische Erfindungen, die auf Prinzipien beruhen, die meiner Versuche, sie anschaulich zu machen, spotten, durch eine Kraft in Bewegung gesetzt, die unendlich wirksamer und leichter zu handhaben ist, als irgend eine, die wir bisher aus Elektrizität oder Dampf gezogen haben, und von Kindern geleitet wird, deren Kräften nie zu viel aufgelegt wurde und die ihre Beschäftigung als Scherz und Zeitvertreib liebten, genügten, um einen allgemeinen Wohlstand zu erzeugen, der jedem Einzelnen zustatten kam, sodaß man nie von einem Unzufriedenen hörte. Die Laster, die unsere Städte verderben, fassen dort nicht Fuß. Sie hatten Überfluß an Vergnügungen, aber alle waren unschuldiger Art. Nie führten

Belustigungen zu Trunkenheit, Krankheit oder Schwelgerei. Liebe existierte und war feurig in ihrem Streben, hatte sie aber ihr Ziel erreicht, so blieb sie treu. Ehebrecher, Ruchlose, Bösewichte waren in diesem Staate so unbekannte Erscheinungen, daß man, selbst um die Worte dafür zu finden, eine veraltete Literaturgeschichte von vor tausend Jahren darnach durchsuchen mußte. Die, die oberhalb der Erde praktische Philosophie treiben, wissen, daß dieses seltsame Abweichen vom zivilisierten Leben nur Ideen verwirklicht, die angegriffen, erörtert, bestritten und ins Lächerliche gezogen, zuweilen zum Teil geprüft und noch in phantastischen Büchern aufgestellt worden sind, nie aber zu einem praktischen Resultate geführt haben. Noch waren das nicht alle Schritte, die diese Gemeinde für eine theoretische Vollkommenheit getan hatte. Descartes hat den festen Glauben gehabt, daß des Menschen Leben verlängert werden könnte, natürlich nicht zu ewiger Dauer auf dieser Welt, aber bis zu einem patriarchalischen Alter von hundert bis hundertfünfzig Jahren im Durchschnitt, wie er es nannte. Selbst dieser Traum des Weisen war hier erfüllt, ja, mehr als erfüllt; denn die Kräfte des mittleren Alters erhielten sich über ein Jahrhundert.

Dieses lange Leben brachte noch einen größeren Segen mit sich, fortdauernde Gesundheit. Die Krankheiten, die diese Rasse befielen, wurden durch wissenschaftliche Anwendung jener lebenverleihenden wie lebenzerstörenden Kraft, die dem Vril eigen ist, mit Leichtigkeit beseitigt. Selbst diese Idee ist oberhalb der Erde nicht unbekannt. Sie taucht aber meist nur bei „Enthusiasten“ und „Charlatanen“ auf, und beschränkt sich auf die unklaren Begriffe von „Mesmerismus“, „Od“ und dergleichen.

Über trivale Erfindungen wie Flügel, die man, wie jeder Schulknabe weiß, bereits in der vorgeschichtlichen Periode herzustellen versucht hat, die aber für mangelhaft befunden wurden, hinweggehend, komme ich zu der sehr zarten Frage, die in der letzten Zeit als notwendig für das volle Glücklichsein unseres Menschengeschlechtes aufgeworfen worden ist, zu den zwei beunruhigenden und wichtigsten Einflüssen auf die oberweltliche Gesellschaft, dem Frauengeschlechte und der Philosophie. Ich meine die Frauenrechte.

Nun haben selbst Rechtsgelehrte zugegeben, daß es unnütz sei, von Rechten zu reden, wo nicht entsprechende Kräfte da sind, sie geltend zu machen; und auf unserer Welt kann es als allgemeine Regel gelten, daß der Mann, gleichviel aus welchem Grunde, mit seiner körperlichen Kraft bei Gebrauch offensiver und defensiver Waffen, wenn es zu entschiedenen persönlichen Streitigkeiten kommt, die Frauen beherrscht. Aber bei diesem Volke kann kein Zweifel über die Frauenrechte sein, weil, wie ich bereits gesagt habe, die Gy in Bezug auf die physischen Kräfte größer und stärker ist als der An. Da sie einen festeren Willen hat und der Wille hauptsächlich zur Leitung der Vrilkraft notwendig ist, kann sie durch diese geheimnisvolle Kraft, die die Kunst den verborgenen Eigenschaften der Natur zu entlocken vermag, stärker auf ihn einwirken als er auf sie.

Darum ist alles, was unsere weiblichen Philosophen auf der Oberwelt als Frauenrechte aufstellen, den Gy-ei in dieser glücklichen Republik als naturgemäß zugestanden. Außer dieser physischen Überlegenheit hegen sie, wenigstens in ihrer Jugend, einen regeren Wunsch zum Lernen und Sichvervollkommnen, als ihn die Ana haben. Darum sind sie die Gelehrten, die Professoren, kurz, der gelehrte Teil der Gemeinde.

Wie ich bewiesen habe, betätigt die Frau dieses Staates ihr wertvollstes Vorrecht dadurch, daß sie bei einer Verbindung der wählende und werbende Teil ist. Ohne dieses Vorrecht würde sie alle anderen verschmähen. Dagegen würden wir auf der Oberwelt nicht mit Unrecht befürchten, daß ein Mädchen von solcher Macht und mit solchen Privilegien, nachdem es uns errungen und geheiratet hat, sehr herrschsüchtig und tyrannisch sein würde. Nicht so die Gy-ei. Sind sie erst verheiratet und haben sie die Flügel abgelegt, so sind sie liebenswürdige, sanfte, gefällige Genossinnen; ihre hohen Fähigkeiten passen sich den Studien ihrer Gatten an, die verhältnismäßig von kleinlicher Art sind. Kein Poet kann sich in seinen kühnsten Träumen das Glück der Ehe schöner vorstellen. Und schließlich, was besonders wichtig für die von unserer Menschheit so abweichende Charakteristik der Vril-ya ist und vor allem von höchster Bedeutung für ihr Leben und den Frieden ihres

Gemeinwesens, das ist ihre allgemeine Übereinstimmung in dem Glauben an das Dasein einer barmherzigen, gütigen Gottheit und an eine zukünftige Welt. Sie erkennen, daß ein oder zwei Jahrhunderte zu kurze Augenblicke sind, um Gedanken an Ruhm, Macht und Ehrgeiz daran zu verschwenden. Und mit dieser Übereinstimmung verbindet sich noch eine andere. Sie fügen sich dem göttlichen GESETZE ein, vermeiden aber jede Spekulation und Streitigkeit in Fragen, die sie nicht zu lösen imstande sind, sondern halten immer an der Tatsache fest, daß GOTT die höchste Güte ist und daß ihnen in der zukünftigen Welt ein glückliches Dasein bevorstehe. Auf diese Weise sichert sich dieser Staat im Inneren der Erde, wo noch keine Gemeinde je das Sternenlicht erblickt hat, all den Segen und Trost einer Religion, ohne die Trübsale und Kümmernisse zu kennen, die durch Streitigkeiten zweier Religionsparteien entstehen.

Daher wäre es lächerlich, leugnen zu wollen, daß bei einer solchen Lage der Dinge dieser Staat der Vril-ya ungleich glücklicher ist als die Staaten unserer oberweltlichen Rasse. Es verwirklichen sich in ihm die kühnsten Träume unserer Philanthropen, und daher nähert er sich den poetischen Vorstellungen irgend eines engelgleichen Ordens. Und doch, wenn du tausend der besten und gelehrtesten menschlichen Wesen, die du in London, Paris, Berlin, New-York oder selbst in Boston finden kannst, nehmen und sie als Bürger in diese beseligende Gemeinde verpflanzen wolltest, ich glaube gewiß, daß sie in weniger als einem Jahre entweder vor Langweile sterben oder einen Aufruhr versuchen würden, um sich gegen das Wohl der Gemeinde aufzulehnen, und das sie dabei auf Befehl des Tur zu Asche verbrannt würden.

Ich habe mit dieser Erzählung keineswegs die Absicht, die Rasse, der ich angehöre, zu beleidigen. Im Gegenteil, ich habe mich bemüht, zu beweisen, daß die Grundsätze, auf denen das Sozialsystem der Vril-ya beruht, es verhindert, einzelne hervorragende Menschen hervorzubringen, wie sie die Annalen der Oberwelt schmücken. Wo es keine Kriege gibt, da kann es keinen Hannibal, keinen Washington, keinen Jackson, keinen Sheridan geben. Wo Staaten so glücklich sind, daß sie keine Gefahr fürchten und keinen Wechsel wünschen, können sie keinem Demosthenes, keinem Webster, keinem Sumner, keinem Wendel Holmes oder Butler das Leben geben. Wo eine Gesellschaft moralisch eine Stellung erlangt hat, in der es keine Verbrechen, keine Sorgen gibt, so daß die Tragödie aus Mitleid und Betrübnis keine Nahrung ziehen kann, wo es keine hervorragenden Laster und Torheiten gibt, an denen die Komödie ihre heitere Satire ausläßt, da hat sie die Aussicht verloren, einen Shakespeare, einen Molière oder eine Mrs. Beecher-Stowe hervorzubringen. Es ist nicht meine Absicht, meine Mitmenschen auf der Erde dadurch zu schmähen, daß ich zeige, wie die Motive, die in einem Staate wo Streit und Kampf herrschen, die Energie und den Ehrgeiz Einzelner anregen, in einem Staate einschlafen und verschwinden, der darnach strebt, sich die Ruhe und das Glück zu sichern, die nach unserer Meinung das Los der seligen Unsterblichen sind. Ich hege auch nicht den Wunsch, die Republiken der Vril-ya als die ideale Form eines politischen Staates hinzustellen, auf deren Erreichung unsere eigenen Reformbestrebungen gerichtet sein sollten. Im Gegenteil, unseren Beobachtungen nach, die wir Jahrhunderte hindurch gemacht haben, besteht der menschliche Charakter aus Elementen, die es vollständig unmöglich für uns machen, die Lebensweise der Vril-ya anzunehmen. Wir können unsere Leidenschaften ihrem Gedankengange nicht anpassen. Ich bin zu der Überzeugung gelangt, daß dieses Volk sich zu einer besonderen Gattung, mit der sich keine Gemeinde aus der Oberwelt verbinden kann, entwickelt hat, obgleich es ursprünglich nicht nur von unserer menschlichen Rasse, sondern, nach den Wurzeln seiner Sprache zu urteilen, sogar von denselben Vorfahren abstammt wie die große Aryanfamilie, von der die jetzige Zivilisation der Welt in verschiedenen Zweigen ausgegangen ist und seinen Sagen und seiner Geschichte nach Phasen der Gesellschaft durchschritten hat, die uns verwandt sind. Wenn dieses Volk je aus diesen unterirdischen Schluchten zum Tageslichte auftaucht, würde es, nach seiner eigenen traditionellen Überzeugung über seine letzte Bestimmung, unsere jetzigen verschiedenen Menschengattungen vernichten und ihre Stelle einnehmen. Da es jedoch mehr als eine Gy geben wird, die Neigung für einen so gewöhnlichen Typus unseres Geschlechtes, wie ich es bin, empfinden würde, darf man wohl annehmen, daß, selbst wenn die Vril-ya auf der Oberfläche erscheinen würden, wir durch eine Mischung der Rassen vor Ausrottung gerettet werden könnten. Aber das ist eine zu sanguinische Hoffnung. Beispiele einer solchen Mesalliance würden ebenso selten sein wie Mischehen von angelsächsischen Emigranten und roten Indianern. Ebensowenig würde uns zu diesem Zwecke Zeit zu einem vertrauteren Verkehre gelassen werden. Die Vril-ya würden bei ihrem Auftauchen von dem Reize eines sonnenhellen Himmels verlockt werden, sich oberhalb der Erde niederzulassen. Sie würden sofort ihr Werk der Zerstörung beginnen, würden die schon angebauten Gegenden in Beschlag nehmen und ohne Gewissensbisse alle Insassen, die diesem Eindringen Widerstand entgegensetzten, beseitigen. Und wenn ich bedenke, wie verächtlich sie über Einrichtungen des Koom-Posh oder der Volksherrschaft sprachen, und ich mir dazu die streitlustige Tapferkeit meiner geliebten Landsleute vorstelle, glaube ich, daß, wenn die Vril-ya zuerst im freien Amerika erschienen, das sie als den auserlesensten Teil der bewohnten Erde ohne Zweifel wählen würden, und sagten: „Diesen Erdteil nehmen wir, Bürger eines Koom-Posh, macht den Vril-ya Platz", meine braven Landsleute einen Kampf beginnen würden und am Ende einer Woche keine Seele mehr von ihnen am Leben sein würde, um sich wieder um die Fahne zu sammeln.

Zee sah ich jetzt, außer bei den Mahlzeiten, wo sich die Familie zusammenfand, nur selten und auch dann war sie sehr zurückhaltend und schweigsam. Meine Furcht vor Gefahr vonseiten einer Liebe, die ich so wenig ermutigt oder verdient hatte, schwand daher allmählich, aber meine Niedergeschlagenheit vergrößerte sich dagegen. Ich sehnte mich zurück in die Oberwelt. Aber vergebens sann ich auf Mittel der Flucht. Da man mir nie erlaubte, allein umherzuwandern, so konnte ich selbst die Stelle nicht aufsuchen, wo ich herabgekommen war, um zu sehen, ob es möglich wäre, wieder in das Bergwerk hinaufzusteigen. Selbst in den stillen Stunden, während derer das ganze Haus in Schlummer lag, konnte ich mich nicht von der Höhe, in der mein Zimmer gelegen war, herablassen. Ich verstand nicht, dem Automaten zu befehlen, der meines

Winkes spottend an der Wand stehen blieb, noch verstand ich mich auf die Federn, durch die die Platten, die die Stelle von Treppen ersetzten, in Bewegung gebracht wurden. Die Kenntnis, mich dieser Erfindung zu bedienen, hatte man mir absichtlich vorenthalten. O hätte ich nur gelernt die Flügel zu benutzen, deren sich jedes Kind so leicht zu bedienen verstand, so hätte ich aus dem Fenster entfliehen können, hätte die Felsen erreicht und wäre nach der Schlucht geflogen, deren steile Wände jeden menschlichen Fuß am Betreten derselben hinderten.

Siebenundzwanzigstes Kapitel

Eines Tages, als ich allein in meinem Zimmer saß und in Nachdenken versunken war, kam Taë durch das offene Fenster hereingeflogen und ließ sich auf dem Lager neben mir nieder. Ich freute mich immer über den Besuch eines Kindes, in dessen Gesellschaft ich wenn auch gedemütigt wurde, doch nicht so vollständig verschwand wie bei einem Zusammensein mit den Ana, deren Erziehung vollendet und deren Verstand gereift war. Da es mir gestattet war, in seiner Gesellschaft umherzustreifen, und ich mich darnach sehnte, den Ort wiederzusehen, an dem ich in die Unterwelt herabgestiegen war, fragte ich ihn, ob er einen Spaziergang durch die Straßen der Stadt mit mir machen wolle. Sein Gesichtsausdruck erschien mir ernster wie gewöhnlich, als er erwiderte: „Ich kam in der Absicht her, Sie dazu aufzufordern."

Bald befanden wir uns auf der Straße. Wir hatten uns noch nicht weit vom Hause entfernt, als wir fünf oder sechs jungen Gy-ei begegneten, die mit Körben voll Blumen, im Gehen muntere Lieder singend, vom Felde heimkehrten. Eine junge Gy singt öfter als sie spricht. Wie sie unser ansichtig wurden, hielten sie in ihrem Gesange inne und sprachen Taë mit vertrauter Freundlichkeit, mich mit der höflichen Artigkeit an, durch die die Gy-ei in ihrem Benehmen sich von unserem schwächeren Geschlecht unterscheiden.

Hier muß ich bemerken, daß das Benehmen einer unverheirateten Gy, so offen sie auch ihr Bewerben um den Geliebten zeigt, durchaus nicht der gewöhnlich auffallenden und lauten Art und Weise gleicht, die jene jungen Damen der angelsächsischen Rasse, die man mit schön bezeichnet, gegen junge Herren haben, für die sie kein besonderes Interesse hegen. Nein, das Betragen der Gy-ei gegen Herren ist gewöhnlich das eines feingebildeten Herrn in vornehmen Gesellschaften der Oberwelt gegen Damen, die sie schätzen, aber nicht lieben, ehrerbietig, zuvorkommend, außerordentlich höflich, kurz, was wir mit chevaleresk bezeichnen würden.

Natürlich brachten mich die vielen Artigkeiten, die diese höflichen jungen Gy-ei mir sagten, ein wenig aus der Fassung. Eine schöne Gy machte mir Komplimente über meine frische Farbe, eine andere bewunderte den guten Geschmack meiner Kleidung, eine dritte sprach mit schalkhaftem Lächeln von den Eroberungen, die ich in Aph-Lins Gesellschaft gemacht hätte. In jener Welt, von der ich kam, würde sich ein Mann beleidigt gefühlt, würde geglaubt haben, man behandle ihn mit Ironie, man spotte seiner. Aber ich wußte schon, daß eine solche Sprache, wie die Franzosen es nennen, banal war und in dem Munde eines Mädchens unter der Erde nichts anderes bezweckte, als dadurch bei dem anderen Geschlecht für liebenswürdig zu gelten, was oberhalb der Erde als willkürliche Sitte und Erbteil den Männern zusteht.

Und gerade wie eine feine junge Dame auf der Erde, die an derartige Komplimente gewöhnt ist, fühlt, daß sie dieselben nicht mit Anstand erwidern kann, noch besondere Befriedigung bei Empfange solcher Artigkeiten empfindet, so konnte auch ich, der im Hause eines reichen und vornehmen Ministers die feinen Sitten des Landes gelernt hatte, nur lächeln und mit verschämtem Blicke die Komplimente, mit denen man mich überhäufte, abzuwehren suchen. Während wir so plauderten, hatte Taës Schwester uns vermutlich von den oberen Zimmern des königlichen Palastes aus gesehen; eiligst kam sie auf ihren Schwingen herbeigeflogen und ließ sich inmitten der Gruppe nieder.

Sich zu mir wendend, sagte sie, obgleich noch mit jener unnachahmlichen Ehrerbietung, die ich mit chevaleresk bezeichnet habe, und doch nicht ohne eine gewisse Schärfe im Ton: „Warum kommen Sie gar nicht einmal, uns zu besuchen?“

Während ich mich auf die richtige Antwort auf eine so unvorhergesehene Frage besann, sagte Taë rasch und ernst: „Schwester, Du vergißt, daß der Fremdling ein An ist. Es kommt uns nicht zu, wenn wir die schuldige Achtung vor Anstand und Bescheidenheit haben, uns so weit zu erniedrigen, daß wir den Gy-ei nachlaufen.“

Die anderen jungen Gy-ei schienen sichtlich diesen Worten beizustimmen; aber Taës Schwester geriet in Verlegenheit. Armes Ding! Und noch dazu eine Prinzessin!

In demselben Augenblicke fiel ein Schatten zwischen mich und die übrigen, und als ich mich umwandte, erblickte ich den obersten Magistrat, der mit dem den Vril-ya eigenen unhörbaren, vornehmen Schritt dicht zu uns herantrat.

Bei dem Anblick seines Gesichtes erfaßte mich derselbe Schreck, den ich, als ich es zum ersten Male sah, empfunden hatte. Auf dieser Stirn, in diesen Augen lag dasselbe unerklärliche Etwas, das kund tat, daß diese Rasse der unserigen gefährlich war, jener seltsame Ausdruck des frohen Bewußtseins, frei zu sein von unseren alltäglichen Sorgen und Leidenschaften und eine hohe Macht zu besitzen, die mitleidig und unerschütterlich war wie die eines Richters, der das Urteil spricht. Ich erbebte, und während ich mich tief verneigte, drückte ich den Arm meines jugendlichen Freundes und zog ihn schweigend mit mir fort. Der Tur stellte sich uns in den Weg, betrachtete mich einen Augenblick lang, ohne zu sprechen, dann wandte sich sein Blick ruhig der Tochter zu, und sowohl sie als die anderen Gyei ernst grüßend, ging er ohne ein Wort zu sagen, mitten durch die Gruppe.

Achtundzwanzigstes Kapitel

Als Taë und ich uns wieder auf der breiten Straße befanden, die zwischen der Stadt und der Kluft lag, durch die ich in diese Region herabgestiegen war, wo es kein Sternen- und Sonnenlicht gab, sagte ich mit unterdrückter Stimme: „Kind und Freund, es liegt ein Blick in Ihres Vaters Antlitz, der mich erschrecken läßt. Mir ist er bei dem Anblicke dieser furchtbaren Ruhe, als ob ich den Tod erblickte."

Taë antwortete nicht gleich; er schien aufgeregt und mit sich selbst zu beratschlagen, wie er eine unwillkommene Nachricht mildern könnte. Endlich sagte er: „Keiner der Vril-ya fürchtet den Tod – fürchten Sie ihn?"

„Der Rasse, der ich angehöre, ist die Furcht vor dem Tode angeboren. Wenn Pflicht, Ehre oder Liebe ruft, können wir sie überwinden. Wir können für eine Wahrheit, für das Vaterland, für die sterben, die wir mehr lieben als uns selbst. Aber wenn der Tod mir wirklich jetzt und hier droht, wo so vieles sich dem natürlichen Instinkte widersetzt, erfüllt einen derselbe bei dem Gedanken an eine Trennung von Leib und Seele mit Furcht und Schrecken."

Taë blickte mich überrascht an, aber eine große Zärtlichkeit lag in seiner Stimme, als er antwortete: „Ich will meinem Vater wiederholen, was Sie sagen. Ich will ihn bitten, daß er Ihr Leben schont."

„So hat er schon beschlossen, es zu vernichten?"

„Es ist meiner Schwester Schuld oder Torheit", sagte Taë leicht erzürnt. „Aber sie sprach mit meinem Vater; und nachdem sie ihn verlassen, rief er mich zu sich, als den Obersten der Kinder, die damit beauftragt sind, das Leben derer zu vernichten, durch die der Gemeinde Gefahr droht; und er sagte zu mir: „Nimm Deinen Vrilstab und suche den Fremdling auf, der Dir wert geworden ist. Sein Ende sei rasch und schmerzlos."

„Nun", stammelte ich und wich vor dem Kinde zurück, „so hast du mich verräterischerweise hierhergelockt, um mein Mörder zu werden? Nein, das kann ich nicht glauben. Eines solchen Verbrechens kann ich Dich nicht für schuldig halten."

„Es ist kein Verbrechen, die zu töten, die dem Wohle der Gemeinde gefährlich sind; ein Verbrechen wäre es, das geringste Insekt zu töten, das uns nicht schaden kann."

„Wenn Sie fürchten, daß ich das Wohl der Gemeinde bedrohe, weil Ihre Schwester mich mit einer gewissen Bevorzugung beehrt, wie sie ein Kind für ein fremdes Spielzeug haben mag, so ist es nicht nötig, mich zu töten. Lassen Sie mich durch die Kluft, durch die ich herabgekommen bin, zu dem Volke zurückkehren, das ich verlassen habe. Wenn Sie mir nur geringen Beistand leisten, ist der jetzige Augenblick dazu günstig. Mit Hilfe Ihrer Flügel können Sie das Tau, das Sie gefunden und ohne Zweifel bewahrt haben, in der Kluft an der Felsenspitze befestigen. Nur um das eine bitte ich Sie: Führen Sie mich an die Stelle, von der ich herabkam, und ich verschwinde für immer von Ihrer Welt, so sicher, als ob ich unter den Toten weilte."

„Die Kluft, durch die Sie herabgekommen sind! Sehen Sie um sich; wir stehen jetzt auf derselben Stelle, wo sie sich öffnete. Was sehen Sie? Nur feste Felsen. Die Kluft wurde auf Befehl Aph-Lins geschlossen, sobald eine Verständigung zwischen ihm und Ihnen in Ihrer Verzückung herbeigeführt wurde. Von Ihren eigenen Lippen erfuhr er von der Welt von der Sie kamen. Erinnern Sie sich nicht, daß Zee mich bat, Sie nicht über Sie selbst oder Ihre Rasse zu fragen? Als ich Sie an jenem Tage verließ, trat Aph-Lin zu mir und sagte: „Kein Pfad zwischen des Fremdlings Heimat und der unserigen darf offen bleiben, oder die Sorgen und Sünden seiner Heimat werden zu uns herabkommen. Nimm die Kinder Deiner Abteilung mit Dir und schlagt die Wände der Höhle mit Euren Vrilstäben, bis die Felsstücke eine jede Spalte ausfüllen, durch die ein Strahl unserer Lampen dringen könnte."

Während das Kind sprach, starrte ich entsetzt auf die geschlossenen Felsen vor mir. Große, unregelmäßige Granitmassen, deren Brandflecken zeigten, wo sie zerschmettert gewesen, erhoben sich vom Boden bis in die höchsten Höhen ohne die kleinste Spalte!

„So ist alle Hoffnung dahin“, murmelte ich und sank auf dem unebenen Wege nieder, „und nie werde ich die Sonne wiedersehen“. Ich bedeckte mein Gesicht mit den Händen und betete zu Ihm, dessen Gegenwart ich so oft da vergessen hatte, wo die Himmel von der Ehre Gottes erzählen. In der Tiefe dieser Unterwelt und in der Welt der Gräber fühlte ich Seine Gegenwart. Durch mein Gebet getröstet und gestärkt sah ich auf, und lächelnd in des Kindes Antlitz schauend, sagte ich: „Nun, wenn Du mich erschlagen mußt, so schlage zu“.

Sanft schüttelte Taë mit dem Kopfe. „Nein“, sagte er, „so wörtlich ist meines Vaters Befehl nicht gemeint, daß er mir keine Wahl ließe. Ich werde mit ihm sprechen und ihn zu bereden suchen, Dich zu retten. Seltsam, daß Du diese Furcht vor dem Tode hast, die wir nur dem Instinkte geringer Geschöpfe zuschreiben, die keine Kenntnis von einer Fortdauer des Lebens haben. Bei uns kennt kein Kind eine solche Furcht. Sage mir, mein lieber Tish“, fuhr er nach einer kurzen Pause fort, „würde es Dir leichter werden, diese Form des Lebens mit jener zu vertauschen, die auf der andern Seite des Augenblickes, Tod genannt, liegt, wenn ich Dich auf Deiner Reise begleite? Wenn Dir das lieber ist, will ich meinen Vater fragen, ob er mir gestattet, mit Dir zu gehen. Ich gehöre mit zu denen von unserer Generation, die, wenn sie das Alter dazu erreicht haben, bestimmt sind nach unbekannten Regionen dieser Welt auszuwandern. Ebenso gerne würde ich in die unbekannten Regionen einer anderen Welt auswandern. Dort ist der ALLGÜTIGE so gut wie hier. Wo wäre Er nicht?“

„Kind“, sagte ich, da ich an Taës Miene sah, daß er in vollem Ernste sprach, „Du begehst ein Verbrechen, wenn Du mich erschlägst; aber ebenso wäre es ein Verbrechen von mir, wenn ich zu Dir sagen wollte: Erschlage Dich selbst. Der ALLGÜTIGE bestimmt selbst die Zeit, wie lange Er uns das Leben lassen und wann Er es uns wieder nehmen will. Laß uns zurückgehen. Wenn Dein Vater, nachdem Du mit ihm gesprochen hast, doch noch meinen Tod beschließt, so warne mich davor so früh, als es in Deiner Macht steht, damit ich mich in der Zwischenzeit darauf vorbereiten kann.“

Wir gingen zurück nach der Stadt, nur von Zeit zu Zeit ein Wort miteinander wechselnd. Wir konnten uns in unseren Ansichten nicht einigen, und ich hegte gegen diesen Knaben mit seiner sanften Stimme und dem schönen Antlitze dasselbe Gefühl wie ein Überführter gegen den Vollstrecker der Gesetze, der neben ihm dem Richtplatze zuschreitet.

Neunundzwanzigstes Kapitel

Inmitten jener Stunden, die für den Schlaf bestimmt sind und bei den Vril-ya die Nacht bilden, erwachte ich durch eine Hand, die sich auf meine Schulter legte, aus einem unruhigen Schlafe, in den ich erst seit kurzem gefallen war. Ich fuhr erschreckt auf und sah Zee neben mir stehen.

„Still", sagte sie leise, „damit uns niemand hört. Glaubst Du, daß ich aufgehört habe über Dich zu wachen, weil ich Deine Liebe nicht gewinnen konnte? Ich habe Taë gesprochen. Er hat nichts bei seinem Vater ausgerichtet; hat in der Zwischenzeit mit den drei Weisen, die er bei zweifelhaften Dingen zu Rate zieht, gesprochen und nach ihrem Beschlusse Dich mit dem Wiedererwachen der Welt zum Tode verurteilt. Ich will Dich retten. Stehe auf und kleide Dich an."

Zee deutete auf einen Tisch, nahe dem Bette, auf dem ich die Kleider bemerkte, die ich getragen hatte, als ich die Oberwelt verließ, und die ich bald darnach mit der malerischen Tracht der Vril-ya vertauscht hatte.

Die junge Gy schritt dem Fenster zu und trat hinaus auf den Balkon, während ich eilig und verwundert meine eigenen Kleider anzog. Als ich zu ihr auf den Balkon trat, war ihr Antlitz bleich und ernst. Meine Hand erfassend sagte sie sanft: „Sieh, wie glänzend die Vril-ya die Welt erleuchtet haben, die sie bewohnen. Morgen wird diese Welt dunkel für mich sein." Ohne meine Antwort abzuwarten, zog sie mich in das Zimmer zurück, dann in den Korridor, von dem aus wir in die Halle hinabstiegen. Wir schritten hinaus in die einsamen Straßen, den breiten Weg entlang, der sich an den Felsen hinzog. Hier, wo es weder Tag noch Nacht gibt, sind die stillen Stunden unaussprechlich feierlich. In dem weiten Raume, der durch die Geschicklichkeit Sterblicher erleuchtet ist, erblickt man kein menschliches Wesen, vernimmt man keinen menschlichen Laut. So leise unsere Fußtritte auch waren, berührte ihr Laut das Ohr doch unangenehm in dieser feierlichen Stille. Obgleich Zee nichts gesagt hatte, war mir doch bewußt, daß sie entschlossen war, mir bei meiner Rückkehr in die Oberwelt behilflich zu sein, und daß wir der Stelle, an der ich herabgekommen war, zuschritten. Ihr Schweigen steckte mich an und verschloß auch mir die Lippen. Jetzt näherten wir uns der Kluft. Sie war wieder geöffnet worden; allerdings bot sie nicht denselben Anblick wie damals, wo ich aus ihr auftauchte; die feste Felsenwand, vor der ich erst tags zuvor mit Taë gestanden hatte, war durch eine neue Spalte geöffnet. Ihre geschwärzten Wände entlang schimmerten noch Funken und dampfende Asche. Meine Augen vermochten jedoch nur wenige Fuß in die Dunkelheit der Höhlung zu dringen, und bekümmert stand ich da und überlegte, wie es möglich sei, da hinauf zu gelangen.

Zee erriet meine Zweifel. „Fürchte nichts“, sagte sie matt lächelnd; „für Deine Rückkehr ist gesorgt. Bei Beginn der stillen Stunden, als alles im Schlummer lag, habe ich dieses Werk angefangen. Glaube mir, daß ich nicht eher ruhte, als bis der Weg zurück in Deine Welt frei war. Noch eine kurze Zeit werde ich bei Dir bleiben. Nicht eher werden wir voneinander scheiden, bis Du sagst: Geh, ich bedarf Deiner nicht mehr.“

Bei diesen Worten ergriff mich tiefe Reue.

„Ach!“ rief ich aus, „warum bist Du nicht von meiner oder ich von Deiner Rasse, dann würde ich niemals sagen: Ich bedarf Deiner nicht mehr!“

„Ich segne Dich um dieser Worte willen und werde mich ihrer erinnern, wenn Du fern von mir bist“, antwortete die Gy zärtlich.

Während der letzten Worte hatte sich Zee von mir abgewendet, ihre Gestalt beugte sich, ihr Kopf sank auf die Brust. Dann richtete sie sich zu ihrer vollen Höhe auf und stand mir gegenüber. Während sie sich meinen Blicken entzog, hatte sie den Reif, den sie um die Stirne trug, berührt, so daß er jetzt wie eine Sternenkrone glänzte. Nicht ihr Gesicht und ihre

Gestalt allein, selbst die Atmosphäre ringsum war von der Pracht des Diademes erleuchtet.

„Jetzt", sagte sie, „lege Deinen Arm zum ersten und letzten Male um mich. Nein, so! Mut, und halte Dich fest!"

Während sie sprach, breiteten sich ihre großen Flügel aus. Ich klammerte mich an sie und wurde hoch in die Luft durch die furchtbare Kluft getragen. Der Sternenglanz auf ihrer Stirn durchdrang ringsum die Dunkelheit. So strahlend, rasch und sicher war der Flug der Gy, wie der eines mit der Seele, die er aus dem Grabe gerettet hat, gen Himmel schwebenden Engels. Da vernahm ich aus der Ferne das Gesumme menschlicher Stimmen, den Ton menschlicher Arbeiten.

Wir machten auf einem der Gänge des Bergwerkes halt. Über uns sahen wir die düsteren schwachen Lampen der Bergleute brennen. Da ließ ich die Gy los. Leidenschaftlich, aber wie mit der Leidenschaft einer Mutter, küßte sie mich auf die Stirne und sagte, während ihr die Tränen aus den Augen stürzten: „Lebe wohl für immer. Du willst mich nicht in Deine Welt gehen lassen – in die meine kannst Du nie zurückkehren. Bevor unser Staat den Schlaf von sich abgeschüttelt hat, haben sich die Felsen wieder über der Kluft geschlossen, um weder von mir noch vielleicht von anderen unzählige Jahrhunderte hindurch wieder geöffnet zu werden. Gedenke meiner zuweilen freundlich. Wenn ich das Leben, das über dieser Spanne Zeit liegt, erreiche, werde ich mich nach Dir umschauen. Selbst dort kann die Dir und Deinem Volke bestimmte Welt Felsen und Schluchten haben, die sie von der trennen, wo ich die meiner Rasse wiedersehen werde, die mir vorangegangen sind. Dort bin ich vielleicht machtlos, den Weg zu spalten, um Dich wiederzugewinnen, wie ich ihn hier gespalten habe, um Dich zu verlieren."

Ihre Stimme verstummte. Ich hörte das schwanenartige Rauschen ihrer Flügel und sah, wie die Strahlen ihres Diademes sich mehr und mehr in der Dunkelheit verloren.

Ich setzte mich eine kurze Zeit nieder, meinen trüben Gedanken nachhängend. Dann erhob ich mich und schritt langsamen Schrittes der

Stelle zu, von der her ich menschliche Stimmen vernahm. Die Bergleute, denen ich begegnete, waren mir fremd, von einer anderen Nation als ich selbst. Verwundert sahen sie mich an; da ich aber ihre kurzen Fragen nicht in ihrer eigenen Sprache zu beantworten vermochte, gingen sie wieder an ihre Arbeit und ließen mich unbelästigt vorübergehen. Endlich gelangte ich an die Ausfahrt des Bergwerkes, nur von den Fragen eines mir bekannten Beamten aufgehalten, der aber glücklicherweise zu sehr beschäftigt war, um sich in eine längere Unterhaltung mit mir einzulassen. Ich hütete mich wohl, in meine frühere Wohnung zurückzukehren; vielmehr verließ ich eiligst noch am selben Tage eine Gegend, wo ich nicht lange Fragen hätte ausweichen können, die genügend zu beantworten ich nicht imstande gewesen wäre. Glücklich erreichte ich mein eigenes Land, in dem ich mich für eine lange Zeit friedlich niederließ und mich einer praktischen Tätigkeit widmete, bis ich mich vor drei Jahren mit einem ansehnlichen Vermögen zurückzog. Nur selten bin ich aufgefordert worden und selten versucht gewesen, von den Wanderungen und Abenteuern meiner Jugend zu erzählen. Wie die meisten Menschen, bin ich inbezug auf Liebe und häusliches Leben einigermaßen enttäuscht worden. Oft, wenn ich des Abends allein sitze, denke ich an die Gy und begreife nicht, wie ich eine solche Liebe zurückstoßen konnte, gleichviel von welchen Gefahren sie begleitet war oder welche Bedingungen sie stellte. Nur je mehr ich an ein Volk denke, das in Regionen lebt, die unseren Blicken verborgen sind und von unseren Gelehrten für unbewohnt gehalten werden, das Kräfte entfaltet, die unsere höchsten Kräfte übersteigen, und Tugenden besitzt, von denen unser soziales wie politisches Leben sich, je mehr unsere Zivilisation vorschreitet, mehr und mehr entfernt, um so inniger bete ich, daß noch Jahrhunderte vergehen mögen, bevor unsere unvermeidlichen Zerstörer zum Sonnenlichte auftauchen.

Da mir jedoch mein Arzt aufrichtig gesagt hat, daß ich an einem Übel leide, das, obgleich es wenig Schmerzen verursacht und anscheinend nicht weiter um sich greift, doch jeden Augenblick einen schlimmen

Ausgang nehmen kann, habe ich es für meine Pflicht gehalten, meine Mitmenschen vor dem Zukunftsgeschlechte zu warnen.